新时代福建畲族非物质文化遗产数字化保护与活态传承研究

张守用　著

中国纺织出版社有限公司

内 容 提 要

福建畲族非物质文化遗产具有独特的文化、历史、社会、经济和美学价值，是中华文化的重要组成部分。本书从福建畲族非物质文化遗产的现状出发，分析了畲族传统服饰、畲族传统建筑、畲族传统工艺的研究价值和现有保护情况，研究了福建畲族文化产业开发和文创品牌建设，结合畲族题材动画电影创作实践，提出数字化保护与活态传承措施。本书适用于非遗文化研究人员及对传统文化感兴趣的读者阅读参考。

图书在版编目（CIP）数据

新时代福建畲族非物质文化遗产数字化保护与活态传承研究 / 张守用著. -- 北京：中国纺织出版社有限公司，2024. 9. -- ISBN 978-7-5229-1889-1

Ⅰ. G127.57

中国国家版本馆 CIP 数据核字第 20245981XZ 号

责任编辑：段子君　史　岩　责任校对：高　涵　责任印制：储志伟

中国纺织出版社有限公司出版发行

地址：北京市朝阳区百子湾东里A407号楼　邮政编码：100124

销售电话：010—67004422　传真：010—87155801

http://www.c-textilep.com

中国纺织出版社天猫旗舰店

官方微博 http://weibo.com/2119887771

天津千鹤文化传播有限公司印刷　各地新华书店经销

2024年 9 月第 1 版第 1 次印刷

开本：710×1000　1/16　印张：8.5

字数：203千字　定价：99.90元

前言

党的十八大以来，习近平总书记高度重视文化遗产保护，多次作出重要批示。《"十四五"文化发展规划》《"十四五"文化和旅游发展规划》《"十四五"非物质文化遗产保护规划》均强调，进一步加强非物质文化遗产保护传承工作。畲族非物质文化遗产是中华优秀文化的重要组成部分，保护好、传承好、弘扬好畲族非物质文化遗产，对于延续畲族历史文脉、坚定文化自信、推动各族文化交流互鉴、建设文化强国具有重要意义。

福建畲族非物质文化遗产具有独特的文化、历史、社会、经济和美学价值，是中华文化多样性的重要组成部分，也是中华民族共同的文化遗产。经历了上千年的历史变迁，福建畲族非物质文化遗产正面临着严重的威胁，如技艺失传、传承人断层、过度商业化等。随着现代社会的发展和数字化技术的普及，数字化保护可以有效地促进福建畲族非物质文化遗产的传承和保护。福建畲族非物质文化遗产数字化保护的未来发展趋势是数字化、智能化、多元化。数字化技术可以帮助福建畲族非物质文化遗产更好地传承和保护；智能化技术可以将畲族非物质文化遗产与数字技术相结合，创造出新的体验和形式；多元化的发展趋势会使畲族非物质文化遗产的数字化保护更加丰富多彩，如与文创产品、动画等领域的结合。而活态传承不仅可以保留畲族非物质文化遗产的精髓，还能够使畲族非物质文化遗产得以与现代社会相适应，得以继续发展和传承，实现福建畲族非物质文化遗产的当代价值。在活态传承中，不仅畲族非物质文化遗产中的技艺和知识得到传承，其文化的精神和价值也可得到传承，这对于现代社会的发展有着重要意义。

本书共分为七章，第一章首先从福建畲族非物质文化遗产研究的基本范畴的角度，分析了畲族传统服饰、畲族传统建筑、畲族传统工艺的研究价值。然后重点分析了畲族非物质文化遗产数字化保护形式的分类，从数字博物馆、动画艺术、虚拟仿真等数字化保护形式与特点进行了详细论述；最后对福建畲族非物质文化遗产的活态传承进行了一般性考察，论述活态传承的影响因素、价值与意义，论证了数字化保护手段与活态传承方式对福建畲族非物质文化遗产的重要性与必要性。

第二章研究了福建畲族传统服饰的现状。随着社会的发展和畲族地区对外交流的日益频繁，畲族传统服饰势必面临严峻的考验和巨大的冲击，畲族传统服饰所依赖的生存空间受到了巨大的冲击，因此，抢救和保护畲族传统服饰刻不容缓。一方面，我们要有目的、有组织、有计划地引导畲族传统服饰改革；另一方面，使畲族传统服饰适应现代畲民审美潮流和生活需要的同时，保持住畲族传统服饰的民族特色和文化韵味。从畲族传统服饰保护现状的角度进行剖析，畲族传统服饰“不适应综合征”主要体现在畲族服饰的原料工艺、生存空间以及相关行业等方面。影响和制约畲族传统服饰发展的主要原因有畲民生产方式的变迁、畲民思想观念的转变、保护开发的偏差、外来文化的冲击。最后，从畲族传统服饰保护的必要性、畲族传统服饰保护的可行性总结保护畲族传统服饰的价值与意义。

第三章从福建畲族传统服饰保护与传承角度出发，首先分析了畲族传统服饰作为国家级非物质文化遗产，是畲族文化的精髓，具有重要的历史文化与艺术研究价值。随着现代化的推进，外来文化的的冲击，畲族传统服饰面临“衣随人葬，人亡艺绝”的境地，畲族传统服饰保护与传承工作刻不容缓。然后从畲族传统服饰相关研究、畲族传统服饰传承保护措施、数字化保护形式以及博物馆保护的角度进行剖析，充分运用数字媒体、虚拟现实以及人机交互等技术手段，进行福建畲族传统服饰数字化保护形式的设计与构思，为畲族传统服饰文化的展示宣传、保护研究和传承发展提供一个新的平台。

第四章研究了福建畲族文化产业开发。福建畲族文化生态链涉及文化产业全链条，包括畲族文化创意、畲族文化传播、畲族文化旅游等多个领域。它强调了文化产业的生态系统，即各个环节之间的相互关联和依存关系，这有助于促进文化产业的可持续发展。福建畲族文化产业开发是福建各级政府部门与组织非常重视的一项工作。福建畲族拥有悠久的历史和丰富的非物质文化遗产，充分利用好文化资源，对文化资源进行合理的开发利用，可以促进畲族文化产业的生态化发展。这一措施既是对畲族传统文化的传承与保护，也是对畲族传统文化的创新与发展，从而更好地发挥畲族文化创意产业在经济发展中的重要作用。

第五章从文旅融合的角度提出了福建畲族文创品牌建设构思。随着文旅融合领域与层次的拓展与深入，文化资源优化与整合已是民族文化产业发展的必然趋势。福建畲族文创品牌的建设以畲族文化元素为基础，以文化创意设计为手段，设计和生产出满足当代消费者需求的优质文创产品，深层次丰富福建畲族文创产业的内涵和外延。借助福建畲族传统文化营销模式，积极推动福建畲族文创品牌的建设，进一步优化福建畲族文旅产业中文创产品的品质，丰富文创产品的种类，树立良好的福建畲族文创品牌形象；结合当今文化产业和旅游产业融合的发展现状和趋势，对福建畲族传统文化中可利用和开发的元素进行归纳和分类，积极探索适合福建畲族文创品牌建设的途径和方法，提升福建畲族文创产品的品质和文化含量，积极实施文创产品的品牌发展战略，构建福建畲族文创品牌体系。

第六章从动画电影民族化视角下进行畲族题材动画电影创作的必要性进行分析。畲族传统文化中蕴含着动画电影创作所需的丰富题材和元素，极具文化艺术研究价值。畲族题材动画电影的创作，不仅可以实现畲族传统文化的活态传承与生态化发展，还可以建立畲族动画影视发展智库，搭建畲族影视文化交流平台，实现其当代价值。同时，丰富了中国民族动画电影的题材和艺术形式，为民族题材的动画电影创作提供借鉴。

第七章为畲族题材实验动画创作实践。通过畲族题材实验动画创作实践，试图将畲族传统文化、畲族民族精神、畲族群众信仰等可视化、可创作的元素与素材有机融合到创作的畲族题材实验动画中，尝试制作出具有畲族特色的动画作品。在实验动画《初心》作品中，探索畲族题材实验动画创作与应用中的情感设计规律，探究可视化设计元素、民族情感、角色表演的处理方法，提炼并归纳畲族题材动画创作的思路与方法，更好地传播和传承作品所蕴含的文化精神内涵。实验动画《畲医草药》从畲族传统文化中汲取营养，以畲族独特的文化元素为显性的形象载体，赋予了动画作品特有的畲族文化元素和畲族文化内涵，是利用动画艺术形式宏扬畲族传统文化的新的尝试。实验动画《畲医草药》以畲族传统文化为载体，通过研究如何在动画艺术创作中合理运用脚本故事、角色设计、场景设计、美术风格设计、声音设计等展现畲族传统文化元素，使畲族艺术风格和思想能够更好地融入作品中，使其成为具有民族文化与地域文化特色的动画艺术作品。同时，将畲族丰富多彩的传统文化与动画艺术形式相结合的尝试，也为畲族传统文化的创新发展与数字化传承提供了新的平台。

至此，整本书对福建畲族非物质文化遗产数字化保护与活态传承（福建省社会科学规划课题青年项目，项目编号：FJ2020C053）做了一些粗浅的研究和探讨，其中还有许多不足之处，望专家学者们给予批评与指正。

张守用

2024 年 1 月

目　录

绪　论

一、研究缘起

党的十九大将“加强文物保护利用和文化遗产保护传承”作为坚定文化自信的一个部分写进报告中，彰显出党中央对传承发展民族非物质文化遗产的高度重视，铺展开新时代保护、传承、弘扬中华优秀传统文化的生动画卷。畲族作为多民族大家庭中的一个成员，拥有完整的民族文化体系，且其具有鲜明的地域特征和文化艺术研究价值。畲族小说歌、畲族民歌、畲族服饰、畲族三月三传统节日等都列为了国家级非物质文化遗产，为中华文化史留下了美丽的篇章。

福建作为畲族人口数量最多的省份，当地的畲族具有典型的散杂居特点。随着社会的发展与外来文化的冲击以及生活地域的影响，畲族非物质文化遗产所依赖的生存空间受到了巨大的冲击，抢救和保护畲族非物质文化遗产刻不容缓。一方面，我们要有目的、有组织、有计划地引导其保护与传承的改革；另一方面，又要使其在适应现代畲民审美潮流和生活需要的同时，保持住民族特色和文化韵味。本研究从分析福建畲族非物质文化遗产保护和传承现状出发，对其生存现状进行系统的分析和思考，从信息化与生态文明视角构建出数字化保护与活态传承的途径和方法。

二、研究现状

在全球经济社会越来越呈现数字化特征和我国非物质文化遗产多元化保护传承工作近几年取得长足发展的大背景下，运用新技术进行非物质文化遗产的数字化保护与活态传承成为中外学界持续关注的重大理论命题和现实问题。

（一）国内外相关研究

20 世纪 70 年代以前，西方学者和专家对民族非物质文化遗产和民族文化产业较少进行专题研究。关于畲族非遗的研究更少。国外学者相关研究成果中以 1932 年由德籍学者史图博和中国学者李化民合著的《浙江景宁敕木山畲民调查记》的贡献尤为突出。此书从民族学的角度对畲族服饰特别是头饰加以详细的阐述，对畲族服饰的研究无疑具有重要的史料价值。

从 20 世纪 80 年代开始，国内学者（主要是畲族地区相关研究者）较多介入了畲族文化的调查和研究。纵观已有的科研成果，国内学者对畲族文化的研究主要包含以下几种类型：第一类为基础知识类，主要针对畲族传统文化的历史来源、演变、内容等问题进行研究与探讨，如石中坚的《文化功能视野下的畲族祖地民间信仰》针对畲族图腾崇拜、民俗信仰、精神认同等问题进行了详细研究；陈栩、崔荣荣的《福建畲族服饰刺绣工艺研究》对畲族服饰的刺绣技艺的精神内涵、畲汉交融的技艺互鉴以及畲绣纹样的构成法则等作了深入研究。第二类为理论探索类，主要从畲族传统文化的多元发展及其保护与传承的理论和创新发展等角度进行研究，如彭兆荣、龚坚的《口头遗产与文化传承——以非物质文化遗产“畲族小说歌”为例》从畲族小说歌的保护、创新与传承的角度出发，在保护、创新与传承三者之间的互动关系的整合思维中来思考畲族非物质文化遗产的生存和创新发展；肖芒、郑小军的《畲族“凤凰装”的非物质文化遗产保护价值》针对畲族女性代表性服装“凤凰装”的保护、发展以及实现其当代价值作了深入探讨。第三类为实践总结类，这类研究主要针对畲族传统文化的传承的现状及经验进行概括总结，典型的有马威的《文化生态观视角下的民族文化保护与发展——以“景宁模式”为例》、刘东的《闽东畲族文化产业的个案分析——以宁德市蕉城区上金贝“民族村寨游”为例》，从畲族传统文化的科研教学、区域生态、文化产业等角度探讨了畲族传统文化内容和形式的传承和创新发展。

总体而言，国内对畲族非遗保护与传承问题的研究内容涉猎广泛、视野开阔、研究站位高远、学术自主性鲜明，颇具理论建树。不足之处主要在于：目前的研究多是解释畲族文化的形成、特征等，从信息化与生态文明的视角探讨畲族非物质文化遗产的传承和当代价值的研究不多，策略与理论创新的研究更少；不利于活态传承工作的整体推进。这些不足也是本课题力图突破的地方：从信息化与生态文明视角切入，拓展福建畲族非遗保护与传承、开发与利用问题研究，探索构建其数字化保护与活态传承多元化体系。

（二）研究的学术价值和应用价值

本课题研究初步建构了福建畲族非物质文化遗产数字化保护与活态传承的研究体系，为推进畲族非物质文化遗产研究传承保护的深入开展、规范发展奠定学理基础，廓清研究框架，也为畲族非物质文化遗产创新发展的研究、教学与社会实践活动的开展提供了可资参考的学术文献。研究成果为福建畲族非物质文化遗产创新发展提供了可参考途径与方向。畲族非物质文化遗产中可以充分挖掘和利用的元素非常丰富，通过对其数字化保护与活态传承研究，树立福建畲族非遗的品牌，打造品牌形象，使品牌战略成为其传承与发展工作中的动力引擎和战略重点。

（三）研究的重点与难点

研究重点主要有三点：一是系统地分析和归纳福建畲族非遗的种类，从其发展历程、保护与传承等方面深入分析其形成的历史脉络。二是运用现代化技术进行福建畲族非遗的发掘与保护，构建丰富多彩的数字化资源体系。三是以信息化与生态文明视角探索福建畲族非遗数字化保护与活态传承机制，运用多元化方法和途径使其实现传承价值。

研究难点主要为福建畲族地域分布广泛且居住形态各异，畲民对文化遗产保护意识淡薄，导致部分畲族文物和技艺没有很好地传承下来，整体表现为畲民民族认同的层次性、复杂性和模糊性，增加了该内容的研究难度。本课题力图在点（福建畲族非物质文化遗产个案分析）、线（福建畲族地区非物质文化遗产实证调研）、面（畲族非物质文化遗产相关文献梳理）结合的基础上，确保评估结论的可信度、时效度以及普适性。挖掘和开发福建畲族非遗资源，探索数字化保护与活态传承机制，实现福建畲族非遗数字化，促进其生态化发展和活态传承，从而推动畲族文化创意产业走上新的变革之路。

三、研究内容

本课题的研究对象是福建畲族非遗。旨在系统展现新时代背景下其目前状况、挑战与问题，探索构建其数字化保护与活态传承多元化体系。

研究选题缘起（出发点）。在全球经济社会越来越呈现数字化特征和我国文化遗产多元化保护传承工作近几年取得长足发展的大背景下，确保福建畲族非遗数字化保护与活态传承，对其长足发展和实现少数民族文化共繁荣具有重要战略意义。对此内容的学理分析构成本课题选题缘起和出发点。

基础理论准备（支撑点）。本课题研究需要必要的基础理论准备，廓清研究框架。至少包括：信息化时代民族非物质文化遗产数字化保护与活态传承问题。运用先进技术加强文物保护和研究，重视福建畲族非遗的发展和传承；福建畲族非遗活态传承体系建构与生态文明的内在关联。廓清两者的内在关联，是研究的必要准备。

具体语境分析（关注点）。从信息化与生态明文的视角构建出福建畲族非遗的数字化保护与活态传承的途径和方法。具体包括：从福建畲族非遗保护现状进行探析，发现其保护现状中的问题与不足，找寻适合其数字化保护的形式与技术；对福建畲族非遗保护技术的现状、未来发展趋势、发展前景等方面展开探讨；积极探索福建畲族非遗活态传承、创新发展等问题，对加强其保护、传承及发展有着重要意义。

应用策略探索（落脚点）。分析福建畲族非遗与信息化时代下生态文明的内在契合逻辑，并以此作为策略探索的总原则，构建出完整和有机统一的、符合其数字化保护与活态传承的多元化体系。

四、研究思路与研究方法

（一）研究思路

首先，整体设计课题研究的现实基础、方法与框架，从福建畲族文化的发展历程等方面深入分析畲族非遗形成的历史脉络。其次，按照本课题设计的总体框架展开分析、考察与研究，探究适合福建畲族非遗保护与传承有效的数字化措施；构建出其丰富多彩的数字化资源体系，真正实现数字化保护和活态传承价值。最后，将研究成果进行转化，为福建畲族非遗的展示宣传、保护研究和传承发展提供一个新的平台，提高畲族文化的影响力，培植更多的畲族文化消费的增长点。

（二）研究方法

文献分析法。用于研究全程，中外学界相关成果为研究顺利展开提供了宝贵的文献准备与智力支持。

实证分析法。主要采用田野调查和深度访谈方法，对畲族博物馆、畲族非遗研究所，畲族乡和畲族村等进行实地考察。为课题提供定量研究数据资料。

图文互证法。主要用于对所收集调研的视频、图片、文献资料等进行分类、比较、归纳。

个案分析法。主要用于福建畲族非遗中最具代表性个体研究，提供个案支撑。

设计实践法。主要用于以福建畲族非遗为元素文化创意设计部分。

第一章　福建畲族非物质文化遗产概述

畲族作为中国的少数民族之一，具有南方游耕民族的特征，在其上千年的成长与发展过程中，创造了绚丽多彩的民族文化。福建畲族拥有七项国家级非物质文化遗产，具有鲜明的特色和艺术研究价值（表 1-1）。非物质文化遗产是人类创造的，以口头、表演、实践、习俗等非物质形式传承的文化遗产。历经千年变迁，畲族非物质文化遗产得到了良好的传承与发展，使畲族为中华文化史留下了美丽的篇章。在众多非物质文化遗产当中，畲族民族服饰、畲族传统建筑和畲族传统工艺等是最具代表性的非物质文化遗产。

表1-1　福建畲族国家级非物质文化遗产一览表

名称	类别	级别	批次	保护单位	简介
畲族小说歌	民间文学	国家	第一批	霞浦县福宁文化艺术交流中心	畲族小说歌作为长篇故事歌，蕴含了畲族劳动人民对美好生活的向往与寄托，是畲族民众创造的独特的文学样式和文化载体。其内容与形式丰富多彩，语言与音韵明快而又和谐，不用典故，不过度夸张和粉饰，融叙事、咏物、抒情为一体，朴实真切，是畲族歌谣中的精髓
畲族民歌	传统音乐	国家	第一批	宁德市艺术馆	畲族民歌是无伴奏清唱，演唱方法有假声、真声、真假声结合三种。畲民崇尚假声，认为能巧妙运用真假声演唱的才是好歌手。老人教青少年学歌，是以传承为目的；婚丧中的哭嫁、哭丧以宣泄为目的，婚仪、丧葬、祭祖、巫术道场中的歌唱以通灵显圣为目的，均或多或少带有“讲”的成分

续表

名称	类别	级别	批次	保护单位	简介
畲族医药（六神经络骨通药制作工艺）	传统医药	国家	第二批	福建省罗源县文化馆	畲族医药既具有本民族特色，又和当地汉族文化息息相关，互相融合；既与中医药有共通之处，又具有鲜明特色。畲族医药体现了人与自然的和谐关系，体现了点与面的辩证关系，对研究畲族的生产、生活方式具有重要的历史文化价值
畲族服饰	民俗	国家	第二批	福建省罗源县文化馆	畲族服饰主要特色体现在女性服饰上，服饰由七个部分组成：上衣、裙子、水巾、手巾、围身裙、脚绑、鞋；饰品有六样：凤凰冠、耳仰（耳坠）、扁扣、手镯、脚镯和戒指；发式有三种形式：少女型、姑娘型、凤凰型。畲族民众通过服饰装扮，建立同胞的认同感和亲和力。传统古老的畲族女性服饰亦成为后人研究畲族正史的真实资料
银饰锻制技艺（畲族银器制作技艺）	传统技艺	国家	第三批	福安市珍华堂畲族银器技术研究所	珍华堂银雕从设计图样到雕刻成品，五十多道工序全由手工完成。其银雕技艺在传承传统工艺的基础上，形成了独特的工艺特征：一反通常银饰品的小巧玲珑，给人以气势恢弘之感；同时打破传统银雕静态雕刻手法，使作品呈现活灵活现的动态效果，镂雕造型凹凸有致、层次分明
银饰锻制技艺（畲族银器锻制技艺）	传统技艺	国家	第四批	福建盈盛号金银饰品有限公司	“盈盛号”银器制作工艺精湛、历史悠久，产品以畲族银茶杯、茶盘、茶匙等实用器皿与饰品为主。实用器皿主要满足当地畲民日常生活需求，饰品主要用于妇女的装饰，其品类丰富多样。其技法代表了畲族民间金属工艺的最高加工水平，并和其他民族的银器制作工艺有明显的区别

续表

名称	类别	级别	批次	保护单位	简介
婚俗（畲族婚俗）	民俗	国家	第四批	霞浦县福宁文化艺术交流中心	霞浦畲族一直保留着古老的风俗，在霞浦畲族婚俗中，女性的地位高于男性，突出表现在女方不用下跪。其根源就在于盘瓠传说中女方是高辛帝三公主的故事。婚礼仪式中有蹲步、行礼等舞蹈动作，同时进入换灯、献茶、拜堂、敬酒等程序，与畲族舞蹈有关的其他习俗活动在仪式中也有所表现

第一节 福建畲族非遗研究的基本范畴

（一）畲族传统服饰

畲族作为一个历史悠久、文化底蕴丰厚的古老民族，畲族传统服饰具有浓厚的民族特色。畲族传统服饰的精美图案、制作工艺和民族色彩反映了畲族的社会特征、服饰美学和历史文化。2008 年，畲族传统服饰被列入第二批国家级非物质文化遗产。畲族传统服饰展示出畲族人的鲜活个性、独特的民族精神和风俗人情。畲族是一个典型的“大分散、小聚居”依山而居的少数民族，传统的博物馆或民俗馆展示手段已无法满足观众的需求。为了让更多的人了解畲族服饰文化，我们更需要依托当前先进的数字技术来进行展示与宣传，这样才能使畲族传统服饰文化得到更多人的了解与研究，畲族传统服饰才能更好地生存与发展。

畲族传统服饰作为畲族标志性的符号，是穿在身上的文明；畲族传统服饰无论款式、颜色还是图案构思，都反映了畲族人民的智慧，其汇聚了畲族诸多文化要素，生动形象地反映了畲族的发展历史、文化特色与经济状况，展现了畲族文化的独特魅力。为中国乃至世界的服饰艺术宝库增添了多元化元素和色彩，具有极高的艺术研究价值和丰富的文化内涵。畲族传统服饰图案的基本特征、纹样的符号意义，在于它表现出的群体公共认识反映出畲族人民用图案和纹样展现对美好事物与美好愿望的向往，从中可以体味到生活的自然气息与神奇力量。

在畲族传统服饰中，男装的款式、颜色以及纹样较为简单；女装相较于男装而言，装饰性更强，女装上的装饰图案与刺绣题材更加丰富，寓意相对来说也更加深刻。例如，畲族传统服饰中的“凤凰装”，是模仿畲族的凤凰图腾而设计和制作的，凤凰装不仅色彩斑斓，而且运用了丰富的畲族传统纹样，通过刺绣的技艺呈现在衣服上，达到了形与色的完美融合。畲族妇女比较流行和常见的头式为凤凰头，结婚时佩戴的头冠称作“凤冠”，把具有民族特色的饰品与织物装饰在凤冠上，既美观又具畲族特色；凤凰装蕴含着丰富而又深刻的文化内涵，同时也展现出畲族人民对美好事物的向往，凤凰装也被誉为畲族民族文化的一朵奇葩。

畲族人穿着的民族服饰都习惯绣花，畲绣作为畲族非物质文化遗产的代表，其工艺精巧，文化与艺术价值深厚。刺绣图案多为动植物和几何纹，也有人物，色彩鲜明，对比强烈。

（二）畲族传统建筑

畲族群众自称“山哈”，把自己看作山里的客人，这和他们的居住环境有关。畲族乡或者畲族村落绝大多数都处于高山深处、交通相对闭塞的山区，所以畲族传统建筑具有本民族独有特色，建房屋材料一般选用茅草、木料、竹子等。因为畲族聚集区多为山区，所以在选取木料时多用优质坚固耐用的木材。畲族传统标志性建筑主要有祖祠和规模较大的私宅等。雕饰不仅做工精美，而且所展现的文化和艺术魅力也成为了一种畲族符号。由此可见，畲族建筑的雕饰能兼顾装饰和实用两个方面。畲族工匠综合了建筑雕刻的材质、手法以及纹样等多方面的因素，创作出了呈现在大众面前的既实用又美观的雕饰精品。

畲族传统建筑之所以能成为畲族传统文化的又一特色符号，一方面在于传统建筑是畲族人民智慧的结晶，它蕴含着畲族的历史文化积累，通过畲族传统建筑可以折射出畲族发展历程中历史观、文化观、价值观以及生态观的演变和形成，直观地展现出畲族人民的精气神和文化底蕴；另一方面，畲族传统建筑所需材料来源于畲民生活的自然环境，很好地体现了畲族群众人与自然和谐共生的建筑理念，同时从畲族传统建筑的位置、设计以及构造等方面可以看出，畲族群众希望自己的建筑与大自然融为一体，满足他们的生活情趣与美好追求。

（三）畲族传统工艺

畲族传统工艺主要有织花带、竹编以及剪纸等。花带用各色丝线手工编织，长宽不一，规格多样，与畲族服饰的颜色与纹样和谐统一。竹编形式多样，如斗笠、竹筐、竹编工艺品，既能满足平时生活所需，又能起到一定的装饰作用。畲族剪纸图案精致，题材多样，寓意丰富与深刻，展现出了畲族人民的智慧与对美的追求。

第二节　数字化保护形式分类

福建畲族非物质文化遗产是畲族人民智慧的结晶，是畲族文化多样性的重要组成部分。数字化技术为畲族非物质文化遗产的保护、传承和弘扬提供了新的思路和手段。数字化可以将畲族非物质文化遗产转化为数字信息，实现对其内容、形式、语言、音乐、舞蹈等方面的全面记录和保存。数字技术还可以为畲族非物质文化遗产的研究提供更加便捷和高效的手段，例如数字博物馆、动画艺术、虚拟仿真等展示形式为研究人员提供了更加广阔的研究空间和资源。因此，福建畲族非物质文化遗产数字化的研究具有重要的价值和意义。

（一）数字博物馆

数字博物馆是一种利用数字技术保存和展示文化遗产的新型博物馆。它通过数字化的方式，将文物、藏品等珍贵文化遗产进行数字化保存，并通过虚拟展览、数字化展示等方式，让想了解和研究这些文化遗产的观众在时间与空间上更加自由。数字博物馆的出现，不仅为文化遗产的保护和传承提供了新的途径和手段，也为观众提供了更加多样便捷的沉浸式与交互式体验。

数字博物馆相较于实体博物馆具有较强的便捷性，数字博物馆可以随时随地进行参观，观众只需要通过网络就可以实现线上参观，不受时间和空间的限制。数字博物馆在互动性方面也有一定的优势，观众可以通过数字技术欣赏文物的制作流程、纹样与技艺等，同时数字博物馆还可以提供更多的互动体验，比如文创 DIY、互动教学等，让观众更加深入地了解文物、藏品和其背后的内涵与故事。

数字博物馆可以对文物、藏品进行数字化保存，避免了文物、藏品的过度曝光和损坏，同时数字化保存也可以让更多的人了解这些文物、藏品的保护意义和传承价值。数字博物馆可以提供更加丰富的文化教育资源，比如数字化的课程思政、数字化的博物馆教育课程等，让观众更加深入地了解藏品背后的历史和文化，同时数字博物馆还可以为相关教育机构提供更加丰富的教学资源和宣传平台。总之，数字博物馆具有便捷性、互动性、保存性、教育性和文化传承性等多重价值和优势，它是一种新型的博物馆形式，为观众提供了更丰富、立体、便捷的文化载体，同时也为文化传承和保护提供了更好的展示平台和宣传窗口。

（二）动画艺术形式

动画艺术是一门富有创造力和想象力的艺术形式，它需要动画师具备绘画、设计、动态效果等多种技能，以创造生动、有趣的角色和场景，在电影、电视、游戏广告等领域都有广泛的应用。动画艺术作为非物质文化遗产保护与传承的重要形式，受到了观众的广泛认可和喜爱。动画艺术具有形式多样性的特点，它可以通过不同的表现和技术手段，呈现出不同的艺术形式。比如，它可以通过手绘动画、计算机动画、3D 动画等不同的技术手段来现出不同的艺术风格和形式。这种形式多样性的特点，使动画艺术展示形式具有非常广泛的适用性表现力。动画艺术展示形式具有表现力强的特点，它可以通过动态的图像和音效，将情感、思想、意境等抽象概念具象化，从而更加深入地触动观众的内心。

动画艺术展示形式还可以通过运用各种艺术手法和技术手段，将复杂的概念和思想表现得更加直观和易懂，从而更加有效地传达作者的意图和观点。动画艺术展示形式具有创意性的特点，它可以通过运用各种技术手段和艺术手法，将想象和创造力发挥到极致，从而创造出各种奇妙的形象和场景。动画艺术展示形式还可以通过运用各种艺术手法和技术手段，打破现实的限制，创造出更自由和想象力丰富的世界。动画艺术展示形式具有受众广泛的特点，它可以通过不同的艺术形式和风格，吸引不同年龄、不同文化背景、不同兴趣爱好的观众。

（三）虚拟仿真展示

虚拟仿真是一种利用计算机技术模拟现实世界的过程，同时虚拟仿真也是一种基于计算机技术的展示方式。它应用于许多领域，如民族文化保护、游戏开发、医疗教育、建筑工程等方面。虚拟仿真技术可以帮助人们更好地理解和掌握复杂的概念和过程，并提供更为真实的体验。如在民族文化保护方面，虚拟仿真可以通过还原性的技术实现文物、藏品的展示与“零距离”体验，使观众可以身临其境地感受到展示内容。在游戏开发中，虚拟仿真可以创建逼真的游戏世界和场景角色，通过模拟真实场景和物体的外观、运动、声音等特征，提供更具沉浸感的游戏体验。虚拟仿真技术的应用前景广阔，未来会有更多的领域使用它来提高效率和创造更好的体验。

虚拟仿真展示可以利用交互方式让观众参与其中，如观众可以通过手势、语音等方式进行互动，增强了观众的参与感和体验感。虚拟仿真展示可以通过高清晰度的图像和视频展示，使观众清晰地看到展示内容的细节和特点，增强了观众的视觉体验。虚拟仿真展示可以通过计算机技术实现自动化展示，减少人工操作的时间和成本，提高展示效率和效果。虚拟仿真展示可以通过计算机技术实现循环性地展示，增加展示的可重复性和持久性，使观众可以多次体验展示内容。虚拟仿真展示可以通过模仿和还原真实场景的特点，增强展示的真实性和实用性。总之，虚拟仿真展示具有交互性强、可视化效果好、省时省力、安全性高、可重复性强、教育性强等特点和优势，可以广泛应用于文物保护、教育、娱乐、科技等领域，为人们带来更好的体验和效果。

第三节　活态传承的一般性考察

活态传承是指通过实践和传承将文化、技艺、知识等传统的非物质文化遗产传承给后代，从而促进传统文化和技艺保持活力和发扬光大的过程。它的意义在于保护和传承人类文化遗产，使其不会因为时间的推移而消失，在现代社会中得到保护和传承。这种传承方式强调实践和体验，通过亲身经历和感受，让传统文化和技艺得以生态化传承和创新发展。此外，活态传承还可以激发人们的创造力和创新精神，让传统文化与现代社会相结合，创造出更加丰富多彩的文化形式。因此，活态传承在维护文化多样性、促进文化创新和推动文化交流方面具有重要的意义。活态传承的价值和意义在于保护和传承文化遗产，促进文化多样性，增强文化自信，推动文化创新，促进社会和谐与发展。

（一）活态传承的影响因素

社会文化环境方面：社会文化环境对活态传承的影响非常重要。一个重视传统文化、注重历史文化教育的国家，往往能够更好地传承和保护传统文化。传承活动需要得到社会的认可和支持，以提高传承人的信心和动力，同时也可以促进传承活动的发展和传播。

传承人能力方面：传承人对传统文化的认同和热爱程度，也是活态传承的重要影响因素。如果传承人对传统文化缺乏兴趣或者不愿意学习，那么传承就会受到限制。传承人需要有强烈的意愿和能力去学习和传承相关的知识、技能文化，同时也需要具备足够的时间和精力来进行承。传承人的能力和水平是影响活态传承的重要因素，如果传承人的技能和知识水平较低，那么传承的质量就会受到影响。

传承方式方面：传承方式也会影响活态传承的效果。如果传承方式不当，比如只是简单地口头传授，而没有实际的实践和体验，那么传承的效果就会大打折扣。传承内容需要具备完整性和准确性，以确保传承的连续性和可靠性。传承人和接受人之间需要进行有效的互动和沟通以便更好地递知识和技能，同时也可以促进彼此之间的理解和尊重。

社会政策方面：政府的政策和支持也会对活态传承产生影响。如果政府能够出台相关政策鼓励和支持传统文化的传承和保护，那么活态传承的效果就会更好。传承环境需要提供相应的资源和条件来支持传承活动的开展，如传承场所、传承工具、传承资金等。

（二）活态传承的价值与意义

首先，活态传承有助于保护和传承非物质文化遗产。非物质文化遗产是人类智慧的结晶，是人类文明的重要组成部分。活态传承可以通过实践和体验，将非物质文化遗产传承给后代，使其在现代社会中得到保护和传承。活态传承的价值在于它可以保护非物质文化遗产。非物质文化遗产是一个国家的瑰宝，是一个国家的历史和文明的见证。如果没有有效的保护措施，这些文化遗产就会被破坏或失去。例如，传统服饰、传统建筑、传统手工艺、传统音乐等非物质文化遗产，通过活态传承，可以让后代了解和体验传统文化，从而保护和传承非物质文化遗产。

其次，活态传承有助于促进文化多样性。文化多样性是人类文明的重要特征，也是人类社会发展的重要动力。活态传承的意义在于它可以让人们更好地理解和欣赏文化遗产的价值。通过活态传承，我们可以更好地理解文化遗产的历史和文化背景，并欣赏它们的艺术价值和美学价值，如此也可以更好地保护和传承文化遗产。活态传承可以让不同地区、不同民族的文化得到保护和传承，促进文化多样性。例如，中国的非物质文化遗产，包括传统手工艺、传统音乐、传统舞蹈等，通过活态传承，可以促进文化多样性与多元发展。

再次，活态传承有助于增强文化自信。文化自信是一个国家和民族的精神支柱。活态传承还可以促进文化交流和文化融合。文化是一个国家与其他国家人民交流和融合的桥梁。通过活态传承，可以让其他国家的人民更好地了解我国优秀的传统文化，促进文化交流和文化融合。这样，我们可以更好地促进世界文化的多样性和发展。通过活态传承，可以让后代了解和体验传统文化，从而增强文化自信。例如，中国的传统文化，包括服饰文化、建筑文化、工艺文化等，通过活态传承，可以让后代了解和体验传统文化，从而增强文化自信。

最后，活态传承有助于促进社会和谐与发展。活态传承是一种非常重要的文化保护方式，它可以保护文化遗产，让人们更好地理解和欣赏文化遗产的价值，促进文化交流和文化融合，促进社会和谐与发展。我们应该重视活态传承，保护和传承我们的文化遗产，让它们继续为我们的国家和世界作出贡献。

第二章　福建畲族传统服饰现状

畲族主要分布在福建、浙江等华东地区的山区村寨。其中，福建畲族人口总数占全国畲族总人口半数之多，位居全国首位。“大分散、小聚居”是其分布的主要特点。福建畲族文明历经上千年的发展与传承，形成了绚丽多姿的畲族传统服饰文化体系。近年来，随着社会的进步、交通和科技的发展，畲民的生活环境和条件得到了很大的改善，畲民的对外交流更加便利，畲民的生活方式和消费方式产生了变化。信息技术的发展给原来封闭落后的畲民所居住的山区传递了潮流信息与外来文化，其中的潮流服饰文化与信息的涌入使畲民在穿着打扮上有了新的想法和变化。

在当代大发展大融合的时代背景下，畲族传统服饰势必面临严峻的考验和巨大的冲击，畲族传统服饰所依赖的生存空间受到了挤压。因此，抢救和保护畲族传统服饰刻不容缓。一方面，我们要有目的、有组织、有计划地引导畲族传统服饰改革；另一方面，使畲族传统服饰能适应现代畲民审美潮流和生活需要的同时，保持住畲族传统服饰的民族特色和文化韵味。本章从畲族传统服饰保护现状的角度进行剖析，通过分析畲族传统服饰的保护现状，探寻出影响和制约畲族传统服饰发展的主要原因，最后总结保护畲族传统服饰的价值与意义。

第一节　福建畲族传统服饰保护的现状

福建作为畲族人口数量最多的省份，当地的畲族具有典型的散杂居特点。随着社会的发展与外来文化的冲击以及生活地域的影响，畲族传统文化越来越被边缘化，畲族传统服饰也受到了严重的冲击，畲族传统服饰保护工作刻不容缓。根据笔者对福建省漳浦、霞浦、永安等畲族聚集地的田野考察（表 2-1）发现，如今的畲族村寨的畲民日常除个别年长者穿戴传统服饰，其余畲民穿着与汉族群众无异。目前状况产生的主要原因是畲族传统服饰与畲民日常生活出现了不适应，畲族传统服饰“不适应综合征”主要体现在畲族族服饰的原料工艺、生存空间以及相关行业等方面。

表2-1　福建畲族聚集地考察情况一览表

市（县）区	畲族乡	考察形式与内容
漳州市漳浦县	湖西畲族乡 赤岭畲族乡	对畲族乡群众进行随机走访，通过“三月三”畲族文化节了解畲族传统服饰的现状，并考察了位于赤岭乡的闽台畲族博物馆
漳州市龙海市	隆教畲族乡	通过当地畲民访谈与交流，实地走访畲族自然村，了解畲民传统服饰发展的现状与困境
宁德市霞浦县	盐田畲族乡 水门畲族乡	对畲族乡的不同年龄层的畲民进行访问，调查他们对畲族传统服饰的认识与传承保护的态度。参观考察当地畲族传统服饰相关行业的现状
三明市永安市	青水畲族乡	采访当地畲民和畲族传统服饰技艺传承人，并重点考察了当地传统节日时的畲族传统服饰穿戴情况

（一）畲民对畲族传统服饰保护意识薄弱

笔者在走访调研的过程中了解到，福建省的畲乡与畲村除了老人穿戴畲族传统服饰，年轻人没有人穿戴畲族传统服饰，畲族传统服饰踪迹难觅，畲民只有在婚丧嫁娶或者畲族重要的“二月二”“三月三”等节日穿戴畲族传统服饰，平时穿着早已汉化，而且很多先祖流传下来的畲族传统服饰也被畲民们改造或抛弃。年轻一代对畲族传统服饰文化了解甚少，对畲族传统服饰的颜色与纹样的寓意与内涵更是模糊不清。在这样的处境下，畲族传统服饰文化很难得到良好的传承与发展。

（二）外来文化对畲族传统服饰文化的冲击

在福建的畲乡或畲村中，畲族年轻一代越来越多在学习汉族文化的同时忽视了对本民族文化的了解与学习，畲族传统服饰文化传承的意识淡薄。福建的畲乡或畲族村落里的儿童对畲族传统服饰口口相传的术语了解和掌握得甚少。这样的情况下，畲族传统服饰的制作技艺无法很好地传承。同时，经济的快速发展对畲族传统服饰产生巨大冲击，畲族青年更喜欢穿戴现代的时尚服饰。在畲族传统服饰的制作工艺中，布料的纺织制作、染色及刺绣基本都需要纯手工完成，并且畲族传统服饰穿戴较为烦琐，这也使畲族传统服饰的穿着范围逐渐缩小。

（三）畲族传统服饰的原料与工艺缺失

随着福建畲族村寨的对外交流日益频繁，越来越多的畲民选择“背井离乡”去外地工作和发展，使畲族传统服饰制作技艺对于当代畲民而言不再实用，从而导致畲族传统服饰不能很好地保护与传承，畲族传统服饰所需原料无人种植，制作工艺无人传承。例如，笔者对永安市清水畲族乡数年的考察发现：畲族村寨日常居住主要是老人和儿童，青壮年畲民大多常年外出务工，致使畲族传统服饰所需要的棉、麻等原料无人种植；畲族传统服饰着色所需的天然的植物染料也越来越少，加之提取工艺和工序烦琐，大多数畲民舍弃了植物染料，取而代之的是现代新型合成染料，甚至常年在外务工的年轻畲民不知道这些植物还能用于纺织品染色。畲族传统服饰所需的原料逐年减少，加速了畲族传统服饰消亡的速度，从而面临“衣随人亡”的境况。加之现代畲民对畲族传统服饰面料和制作工艺的改进，现代纺织服装面料和技术应用到畲族传统服饰的制作当中，简化了畲族传统服饰原料的制作工序，提高了制作效率，使现代畲族传统服饰对传统技艺的依赖性越来越小，甚至部分畲族传统服饰制作工艺面临无人传承的窘境。

（四）畲族传统服饰的生存空间缩小

畲族传统服饰形成和传承于畲民的生产与生活中。就目前的状况而言，福建畲族传统服饰在畲民的日常工作和生活中逐渐淡化。例如，笔者在调研漳浦县赤岭畲族乡和湖西畲族乡期间，恰逢漳浦县承办福建省第八届“三月三”畲族文化节，通过对活动现场的畲民进行访问了解到：目前畲族乡的畲民除了大型的民俗活动穿戴畲族传统服饰外，平时很少穿戴畲族传统服饰，制作技艺对他们而言也很陌生，畲族传统服饰逐渐边缘化。随着畲族村寨的发展与畲民生活的改善，畲族传统服饰的生存空间进一步被压缩，畲族传统服饰的生存与传承陷入窘境。从年迈畲民那里了解到：20 世纪 90 年代及以前，无论是日常穿着还是重大节日，畲民都以畲族传统服饰为重；但随着社会的发展和畲民生活水平的提高以及对外交流的日益频繁，现代畲民穿衣打扮的习惯发生了改变，现代服饰逐渐取代畲族传统服饰。以往畲民经常穿戴畲族传统服饰，如今只有在重大民俗节日或者文艺活动演出时象征性的穿戴，日常着装和汉族群众无异，畲族传统服饰对于畲民而言不再那么“有用”，畲族传统服饰制作工具和设备被闲置，制作工艺传承与发展后继无人，现实生活当中很难再现畲族传统服饰往日的“辉煌”。

（五）畲族传统服饰相关行业衰落

畲族传统服饰文化与产业的联系是随着畲族村寨对外交流而新发展起来的文化生态关系。特别是改革开放以来，福建畲族村寨的社会经济发展迅速，畲民生活得到改善，新兴潮流品牌服装涌入，对当代畲民的日常穿着打扮有着深刻的影响。笔者考察的霞浦、漳浦和永安畲族乡镇上全是连锁服装品牌店，没有一家专门的畲族服饰店。连锁服装品牌的到来使畲民在服饰上有了更多的选择性，相对于款式单一、样式统一的畲族传统服饰而言，品牌服装更符合当代畲民展示个性的需求。畲民舍弃传统服饰而选择潮流服装，传统服饰行业受到了威胁。此外，随着畲族村寨对外开放，吸引了大量游客前来旅游和体验畲族风俗，为了让游客“零距离”感受畲族风情，以原生畲族传统服饰为蓝本的畲族传统服饰衍生款式应运而生，过度设计、过度装饰等问题凸显，虽然取得了一定的经济效益，但是对畲族传统服饰的传承与发展带来了致命的危害。此外，畲族传统服饰展示的重要载体——民族民俗艺术舞台也随着现代舞台表演艺术的发展而变迁，为了追求更好的舞台效果，作为道具的畲族传统服饰被进行更大程度的祛原生性改良设计，与畲族传统服饰的原貌存在着很大的差异。然而演出大多数是面向畲族群众的，通过舞台艺术媒介传播，畲族传统服饰的原貌进一步弱化，使其在畲民认知情感上的生存空间进一步压缩。

第二节　福建畲族传统服饰的现状分析

（一）畲民生产方式的变迁

畲民自称“山哈”，这和他们的居住环境有着密切的关系。福建畲族村寨绝大多数都处于高山深处、交通相对闭塞的山区。自然地理因素导致畲族村寨生产力发展一直处于相对滞后的状态，在这种相对封闭和落后的环境下，供畲民选择的服饰样式有限，畲民对畲族传统服饰具有强烈的依赖性，畲民传统服饰的民族性和地域性更加明显，生存空间活态化，畲族传统服饰得到良好的保护和传承。随着畲民生存生活环境的改善和生产方式的变化，品牌服饰的入侵，现代畲民在服饰上有了更多的选择空间，加上适应了现代生活方式的畲民感觉畲族传统服饰的面料和工艺比较落后和繁杂，年轻的畲民需要不同样式的服饰来体现自己的个性和职业。畲族传统服饰相对单一的款式和材质，在现代畲民看来风格过于朴素，难以适应他们对服饰多元化的需求。

（二）畲民思想观念的转变

经济的发展和生活水平的提高，使畲民在思想观念有了极大的转变，精神需求方面有了更高的要求。现代信息技术和设备的运用，使畲民获取文化信息和购买方式发生了根本性的变化。畲民在穿着上不再墨守成规地选择传统服饰，试图尝试不同品牌服装，体验品牌服装带给他们的新鲜感和时尚感。从服饰审美角度而言，畲族传统服饰的实用为先、质朴为尚、斑斓为美的特点早已过时，畲民对于流行和品牌的服饰精神内涵越来越重视。日益丰富的物质文化生活进一步压缩了畲族传统服饰的生存空间，越来越多的畲民舍弃了畲族传统服饰。这种现象致使畲族传统服饰的制作技艺无法活态化地传承，技艺传承人也越来越少。甚至有些畲族传统服饰制作技艺随着老一辈技艺传承人的死亡而逐渐失传和消亡。

（三）保护开发的偏差

随着文化部门及相关单位呼吁和倡导积极开展民族传统服饰的保护工作，福建畲族传统服饰在此背景下也受到了各部门和各领域专家学者的关注。这对畲族传统服饰的保护和传承、创新与利用起到了一定的促进作用。但是在这一过程中也存在诸多问题，比如，对畲族传统服饰非物质文化遗产领域的技艺传承人扶持力度还不够；保护与传承的方式选择上没能很好地考虑畲族传统服饰面料的特殊性；在创新与利用方面追求成效，急于求成，没能从根本上解决传统服饰长足发展的问题，反而对畲族传统服饰造成了二次伤害。对于畲族传统服饰的濒危现状和长远发展而言，目前的关注度和政策支持远远不够。相关部门和专家学者对畲族传统服饰的保护和研究成果初见成效，畲族群众对畲族传统服饰重要性的意识有所增强，但是，仍旧不能从更深层次上去归正畲民的观念，急需完善畲族传统服饰保护与传承、创新与利用的形式、措施和途径。

（四）外来文化的冲击

外来文化的冲击是畲族传统服饰逐渐衰落的重要因素。一方面，畲族传统服饰在与外来文化的交流中被剧烈冲击、逐渐同化，使越来越多的年轻畲民在观念和行动上都不能坚定自己的民族服饰文化自信；另一方面，畲族村寨中汉族群众占有一定的比例，经过日积月累的融合和交流，畲民的穿衣习惯也受到了汉族群众的影响。在这种观念和环境中，越来越多的畲民摒弃本民族传统服饰而选择与汉族群众无异的服饰，品牌服装在畲民生活中已成为流行的标识，无疑造成畲族传统服饰逐渐淡出畲民的日常生活。

第三节 福建畲族传统服饰保护的价值

近年来，人们越来越意识到民族文化的保护与传承对一个民族尤为重要，国家和政府也加大了畲族传统文化的保护，畲乡和畲村的民族特色再一次引起大家的关注，畲族文化的影响力越来越大，畲族传统服饰也随之被更多的人认识和了解，如何有效地对其进行保护与传承是目前亟须解决的问题。

（一）畲族传统服饰保护的必要性

畲族传统服饰蕴含着畲族人民的人文情感、风俗人情以及审美情趣等。畲族传统服饰是畲族人民在劳动和发展过程中的智慧结晶。随着社会的发展，人民生活质量的提高，人民越来越重视民族文化的认同感，畲族传统服饰成为畲族区别于其他民族的重要标志。畲族传统服饰经过传承与发展，蕴含着畲族人民的传统习俗与文化。传承畲族传统服饰文化可以使畲族人民增强民族自豪感、增强凝聚力等，展现畲族传统服饰的魅力、地位与重要性，带动畲族文化的发展与创新，增强畲族人民的民族凝聚力和民族认同感。

畲族传统服饰文化不仅有绚丽多彩的色彩与纹样、丰富多样的款式与装饰，而且承载了畲族丰富多样的生活习俗、审美意识、人文精神和思想观念。面对畲族传统服饰逐渐被汉族服饰所取代，畲族传统服饰文化逐渐消亡，畲族传统服饰文化传承土壤缺失的现状，利用数字技术保护与传承畲族服饰文化，使畲族传统服饰能够良好地发展与创新很有必要。

（二）畲族传统服饰保护的可行性

随着新媒体技术与虚拟现实技术的快速发展，文化遗产数字化的进程也随之加快，畲族传统服饰作为国家非物质文化遗产，理应被广泛传播和长久保存。数字技术为文化遗产的保护提供了有力的技术支撑和新手段。传统的实体博物馆或者民俗馆等场所占地面积大，耗费较多的人力、物力和财力，而且参观者受到时间和空间的限制，观赏时间受到了极大地限制。

数字化时代下的保护和展示形式颠覆实体展示的设计思路，将畲族传统服饰放在网络空间中，将畲族传统服饰呈现在虚拟世界中，打破了实体馆时间与空间的限制，解决了畲族传统服饰馆藏和长久保存问题。因此将畲族传统服饰文化搬进虚拟空间，通过再现福建畲族传统服饰的特征，细致地梳理畲族传统服饰的演变历程，让畲族传统服饰爱好者了解畲族文化具有很大的可行性。

数字技术的发展和进步，虚拟现实、人机交互等辅助手段为畲族传统服饰的数字化保护形式提供了更多的可能。畲族传统服饰的本真性传承除了运用在生活中，博物馆等展示是主要途径。因此，互动多媒体、虚拟展厅、网上体验馆以及数字博物馆的应用为畲族传统服饰数字化研究和保护提供了多样的展示形式。数字化保护的形式已不再单一，将距离人们日常较远的文化遗产变得丰富有趣、贴近生活。数字化的展示形式不仅满足了畲族传统服饰研究者的的求知欲，也满足了畲族传统服饰爱好者的娱乐需求。人们通过数字化的方式了解畲族传统服饰文化，在体会到乐趣的同时深入学习和掌握畲族传统服饰文化，从而有效地对畲族传统服饰文化进行保护和传播。

第三章　福建畲族传统服饰保护与传承

畲族传统服饰作为国家级非物质文化遗产，是畲族文化的精髓，具有重要的历史、文化与艺术研究价值。随着现代化的推进，外来文化的的冲击，畲族传统服饰面临“衣随人葬，人亡艺绝”的境地，畲族传统服饰保护与传承工作刻不容缓。本章从畲族传统服饰相关研究、畲族传统服饰传承保护措施、数字化保护形式以及博物馆保护的角度进行剖析，充分运用数字媒体、虚拟现实以及人机交互等技术手段，进行福建畲族传统服饰数字化保护形式的设计与构思，为畲族传统服饰文化的展示宣传、保护研究和传承发展提供一个新的平台。

第一节　福建畲族传统服饰相关研究梳理

福建畲族传统服饰的相关研究经历了从无到有、由浅入深的过程。20世纪80年代，关于福建畲族传统服饰的相关研究逐渐展开，以潘宏立《福建畲族传统服饰研究》和《福建畲族传统服饰类型初探》为开端，陆续出现针对福建畲族传统服饰的文章，如《福建畲族服饰的特点及其内涵》《美丽吉祥的畲族凤凰装》《畲族服饰图案的美术内涵》等。

进入21世纪，关于福建畲族传统服饰的研究呈现出蓬勃发展的态势，取得了丰硕的成果。研究领域主要集中在福建畲族传统服饰纹样的寓意及文化价值、福建畲族传统服饰演变历史、福建畲族传统服饰与汉族传统服饰异同比较、福建畲族传统服饰与其他地区的畲族传统服饰的共性与个性问题比较等，如陈栩《浅谈福建畲族彩带的保护与传承》提到可以利用畲族文化进课堂、建立畲族民俗馆以及高校研究机构介入等方法进行畲族服饰的保护与传承；龚任界《畲族服饰的现状困境与传承保护——以福建霞浦畲族服饰保护为例》提到对畲服服饰要进行发掘式保护，达到自我保护与传承的效果；雷敏霞、雷冰帆《畲族民族服饰的传承与发展探析》通过对畲族传统服饰现状的探讨，提出畲族传统服饰的保护与传承要创新方法、与时俱进，政府要加大保护力度，社会相关部门和机构更应积极主动共同构建畲族传统服饰的传承保护体系；汪洋《畲族传统装饰艺术的文化意蕴探析》在分析畲族彩带形制及工艺的同时提出将其与现代数字科技、纺织工艺和旅游经济相结合。

近年来，不少学者意识到福建畲族传统服饰的非遗价值，对福建畲族传统服饰创新发展进行研究，成果主要集中在福建畲族传统服饰创新设计、福建畲族传统服饰纹样在当代服饰中的运用价值等。如陈秀免《福建畲族传统服饰田野调查现状及发展趋势》提到福建畲族传统服饰的保护要从教育、保护意识及政策基金等方面介入，从而达到保护传承的目的等。再如高云《福建畲族服饰制作工艺发展现状及保护传承困境》对畲族传统服饰的保护与传承的困境进行了梳理等。

总体而言，关于福建畲族传统服饰的相关研究内容丰富、领域广泛、视野开阔。研究角度各具特色、学术自主性鲜明，研究站位高远且具有较高的理论建树。不足之处主要在于：其一，前期的研究多是从福建畲族传统服饰的发展历史、文化内涵，服饰的形制、色彩及纹案等领域展开的，从活态保护的视角探讨福建畲族传统服饰的传承和保护研究较少，策略创新、理论创新的研究更少。其二，关于福建畲族传统服饰研究的成果主题较分散，不利于福建畲族传统服饰活态化传承的整体推进和实现其当代价值创新实践。其三，关于福建畲族传统服饰的未来发展与传承保护措施的探讨较少，更多的是对福建畲族传统服饰现状的概述和分析，没能提出从根本上解决福建畲族传统服饰的活态化保护与传承问题的方法和对策。

第二节　福建畲族传统服饰传承保护措施的思考

畲族传统服饰作为国家级非物质文化遗产，是畲族人文精神和民族审美集中体现的标志性符号，无论是服饰还是其制作工艺都承载着形态丰富、精美绚丽的畲族艺术。畲族独具特色的服饰色彩与纹样蕴含着畲族人民对美好生活的憧憬与向往。保护和传承畲族传统服饰对于福建畲族村寨的振兴与发展具有积极的促进作用。探索福建畲族传统服饰保护与传承的路径与策略，为传承和发扬畲族传统服饰文化提供理论借鉴，给福建畲族乡村振兴带来新的视角与参考。通过对福建畲族传统服饰现状与相关研究分析可见，畲族传统服饰的生存环境不容乐观，需要加大力度对福建畲族传统服饰进行有效的传承保护措施。下文通过传承人保护、著书立说、专题展览、民族歌舞与民俗节目表演以及民族品牌发展战略等五个方面进行分析与探讨，为福建畲族传统服饰的传承保护探索出适合时代需求的、活态化的传承机制，从而使福建畲族传统服饰得到良好的延续。

（一）技艺传承人传承畲族传统服饰

作家冯骥才先生指出："代代相传是文化乃至文明传承的最重要的渠道，传承人是民间文化代代薪火相传的关键，天才的杰出的民间文化传承者往往还把一个民族和时代的文化推向历史的高峰。"可见传承人在民族文物传承保护过程中的地位与分量。畲族是一个有自己语言而没有特殊文字的民族，因此，绝大多数畲族传统服饰制作要领和技艺都采取口头阐述或现场演示的方式进行传承。所以畲族传统服饰领域的传承人更应得到保护，在政治和经济方面，要给予畲族传统服饰传承人一定的地位和资助，使他们把保护和传承畲族传统服饰当成自己的事业乃至历史使命。

目前，对非物质文化遗产传承人的保护模式主要有静态保护模式、活态保护模式以及生产性保护模式三种形式。根据畲族传统服饰技艺传承人的年龄、文化层次以及工作经历匹配合适的保护模式。例如，对于那些年迈体弱型的畲族传统服饰的传承人可以采用静态保护模式，通过对畲族传统服饰技艺传承系统地跟踪式记录，把相关技艺整理成册并加以推广，从而达到信息共享的效果。对于生活在畲族村寨的传统服饰制作技艺经验丰富、具有一定威望并且身体健康的传承人可以采取活态保护模式，让其在适宜的文化环境中带头组织关于畲族传统服饰的民俗活动和传承发展的原料种植，推动畲族传统服饰的普及与活态化传承，从而达到在传承中发展、在发展中传承的目的。对于那些文化层次较高，具有一定畲族传统服饰生产、销售等经验的传承人来说，采取生产性保护模式是最佳的选择。这类型的传承人可以在尊重畲族传统服饰风貌的前提下进行畲族传统服饰的创新设计，使畲族传统服饰更好地适应现代畲民和畲族服饰爱好者的需求。通过政策扶持鼓励他们成立畲族传统服饰传承工作室，积极推动畲族传统服饰的传承研究与创新发展，从而带动整个畲族传统服饰相关产业的生态发展，实现畲族文化创意产业带动畲族村寨的振兴与繁荣。

（二）著书立说传承畲族传统服饰

以畲族传统服饰科学研究为基础，对畲族传统服饰所涉及的方方面面进行较为系统和深入的研究。相对于苗族、壮族等人口较多的少数民族研究成果而言，关于畲族传统文化的著作和论文甚少，针对畲族传统服饰方面的书籍更是寥寥无几。著书立说成为畲族传统服饰传承保护的重要途径和手段。例如，畲族传统服饰方向的专家学者可以在畲族传统服饰的起源、演变、工艺及其文化习俗等方面进行深层次的探讨与研究。通过对畲族传统服饰的起源与演变历程系统性整理和构建，可以为后人在了解或研究畲族传统服饰发展历程时提供史料参考，清楚辨别不同地域和不同分支畲族的传统服饰之间存在的微妙变化和特点，以及畲族与其他民族的文化交融与渗透。

对畲族传统服饰制作工艺的梳理，可以让人们更加清楚畲族传统服饰的制作流程，畲族传统服饰在纹样寓意、款式设计等方面的习惯特色。通过深入挖掘畲族传统服饰背后的文化习俗，可以使人们清楚地认识畲族传统服饰所折射出来的畲族民俗与风情，不同性别、年龄的畲民在穿着打扮上有哪些特点与要求，不同场合在穿着畲族传统服饰又有哪些要求等。这些都需要通过图文并茂的著作和文章来进行梳理与整合。畲族传统服饰相关的著作和文章可以破解人们心中对畲族传统服饰的未解之谜；为进一步推广畲族传统服饰，提供扎实可靠的科学理论依据；为当地畲民营造“原生态”的畲族旅游环境提供保障，让游客更好地体验“原汁原味”的畲族文化生活，感受畲族传统文化的独特魅力。

（三）专题展览传承畲族传统服饰

依托畲族博物馆、民俗博物馆以及综合类博物馆进行畲族传统服饰专题展览。通过举办特展、联展、巡展等，提升畲族传统服饰的“名气”和“人气”。博物馆借助其丰富的陈展设计经验和人才技术等优势，成为推介和展示畲族传统服饰的重要载体。在进行畲族传统服饰展示中，可以结合展览陈列，进行一些与畲族传统服饰紧密相关的现场表演和观众参与活动。例如，在“纺织”主题展览中，可以加入现场织布的演示，通过技艺传承人的演示可以让观众了解畲族传统服饰所用的面料的生产过程。在“畲绣”主题展览中，可以从畲族村请来畲绣工艺人，让观众清楚畲族传统服饰上的纹样是如何绣制而成的。这些互动性的项目，不但强化了畲族传统服饰的展示效果，增强了观众的参与性，而且拉近了展品与观众的距离。

此外，还可以在展馆内还原构造畲族古村落、畲族传统民居样式，以及畲族家居风格、畲族传统服饰设计与制作的老作坊和工艺坊，这些场景的还原可以让观众更加直观地感受和体验畲族传统服饰的文化价值与艺术魅力；通过与畲族传统服饰相关的民俗文物、制作工具、服饰原材料等实物设计，还原畲族传统服饰设计与制作的原貌；通过畲民蜡像、畲民泥塑等人物造型方式以及环境渲染，还原畲族传统服饰的民风民俗等。在展览过程中，还可以让畲族传统服饰技艺传承人进行以馆藏的畲族传统服饰文物为原型的再设计活动，增加体验的趣味性。此外，还可以制作博物馆内畲族传统服饰藏品的复制品，让观众在参观的同时可以通过复制品的穿戴来“零距离”感受畲族传统服饰的工艺以及文化内涵等，从而促进畲族文创产业的新发展，拓展文化消费的新领域。

（四）民俗表演传承畲族传统服饰

畲族传统服饰作为畲族标志性符号，是进行畲族文艺表演时必不可少的“服饰道具”。所以畲族传统服饰也随着畲族歌舞团等文艺团队，进入了博物馆、歌舞剧院等大雅之堂。例如，在进行畲族传统服饰专题展览时，可以安排与主题相关的文艺表演活动。在民俗表演时要注意畲族传统服饰的原貌，力争做到原生态的复原，这样表演者穿着畲族传统服饰或文物复制品进行畲族风俗人情演绎的同时，才会给展览带来真正意义上的演绎和升华。

在畲族传统节日中，畲族传统服饰也尤为重要。例如，每年的畲族文化节都会吸引全国各地以及其他国家的人们来体验和感受畲族的风俗人情。穿戴着畲族传统服饰进行文艺活动的演出，一方面直观地体现了畲族特色，另一方面展现畲族传统服饰的精神内涵。随着畲族乡村的发展和对外交流，畲族传统服饰文化也融入了畲族的旅游市场，游客可以穿上畲族传统服饰拍照留念，感受畲族传统服饰所展现的民俗风情，体验畲族传统服饰蕴含的畲族文化与艺术。通过畲族歌舞团等文艺团队和游客的传播，可以把畲族传统服饰不断地展现在全国乃至世界人民的面前，使畲族传统服饰不再是收藏在博物馆或陈列馆里的文物，而是大众乐于接受的畲族文化品牌，成为活跃在民俗舞台和旅游业中的文化景观。

（五）品牌发展传承畲族传统服饰

我们必须坚持畲族传统服饰保护和开发并重的原则，在保护与抢救的同时，合理地利用和发展也尤为重要。通过对畲族传统服饰元素的提取、整合、创新设计，打造出优质文化品牌，设计和生产出满足现代人们需求的畲族传统服饰衍生产品，拓展畲族传统服饰所涉及的消费领域，培植更多的畲族传统服饰消费的增长点，从而给畲民带来一定的经济效益，拉动畲族村寨的经济增长，进而发展成畲族传统服饰系列文化创意产业，打造适宜畲族传统服饰机构生存、发展的“文化生态链”，为畲族传统服饰创意产业的成长壮大、畲族品牌的塑造创造良好的平台和环境。

在现代化进程中，如何促进畲族传统服饰的活态传承及产业化发展，成为需要思考和把握的现实问题。近几年来，各民族服饰资料日益成为国内外时装界进行民族特色服装设计不可或缺的参考资料，更是获得灵感的源泉。把福建畲族传统服饰中独特的元素运用到现代的时装设计当中，一方面可以把畲族传统服饰进行全新的演绎与展现，另一方面可以让人们更加直观地感受福建畲族传统服饰的独特魅力，从而打造畲族传统服饰的品牌。品牌正在决定着消费者的选择，正如美国品牌价值协会主席拉里·莱特所言："拥有市场的唯一办法，就是拥有占市场主要地位的品牌。"树立福建畲族传统服饰品牌，打造畲族传统服饰品牌形象，促进畲族传统服饰相关产业在市场竞争中得到长足发展，使品牌战略成为畲族传统服饰传承与发展工作中的动力引擎和战略重点。

总之，福建畲族传统服饰是畲族群众在民族文化发展与传承过程中共同创造的民族瑰宝。畲族传统服饰从被创造开始就具有民族符号属性，畲族传统服饰与畲族的民族演变历程以及经济状况、民族风俗、审美观念等密切相关。现阶段，在大发展、大融合的时代背景下，畲族传统服饰势必面临严峻的考验和巨大的冲击。加上福建畲族村寨受到诸多外在和内在因素的影响，导致畲族传统服饰赖以生存的空间和根基受到严重的冲击和动摇，畲族传统服饰的保护和传承工作任务艰巨。通过对传承人的保护、著书立说、举办专题展览以及完善畲族品牌发展战略等对策，力求畲族传统服饰的保护与传承得到稳定推进，促进创新与利用等问题良好的解决。依托畲族传统服饰打造福建畲族传统服饰特色品牌，借助传统服饰的"品牌"效应，更好地实现福建畲族传统服饰文化的当代价值，推动畲族村寨文化创意产业的长足发展。只有坚持"在传承中发展，在发展中传承"的理念，才能使福建畲族传统服饰得到活态化保护与传承，实现畲族村寨的振兴与繁荣。

第三节　福建畲族传统服饰数字化保护形式设计

运用数字化展示形式对福建畲族传统服饰进行保护与宣传，是一个从无到有、从实体到虚拟的突破。以虚拟现实、多媒体交互、全息投影等新媒体技术为支撑，结合现阶段数字化展示的发展趋势，对福建畲族传统服饰数字化保护形式进行设计与构思。这样既能满足畲族传统服饰的保护与传承，又能达到宣传与弘扬畲族传统服饰文化的目的。

（一）互动多媒体展示畲族传统服饰

互动也称“交互”，赖赫·纳卡苏曾说：“互动和通信技术的发展使得拟人化的交流成为可能，这也是我们现在研究这种技术的重要原因。“互动多媒体”是使用计算机交互式综合技术和数字通信网络技术处理多种媒体文本、图形、图像、视频和声音，使多种信息建立逻辑连接，构建成的一个交互系统，通过交互系统完成“人与物”拟人化的交流。互动多媒体展示主要有三维动画、全景漫游、数字展厅等形式。

1. 三维动画展示畲族传统服饰

三维动画也被称为3D动画，通过三维动画形式进行畲族传统服饰的展示，增加了展示的趣味性和生动性。在这个虚拟的三维世界中，可以根据不同畲族传统服饰的文化内涵和穿着时间进行故事情节的设计，服装的颜色与纹样、角色设计、场景制作都可以根据畲族传统服饰文化进行选择。例如，福建地区的畲族女儿出嫁时需要穿着凤凰装、头戴凤凰冠、脚穿单鼻鞋。畲族嫁女这样的故事就可以通过三维动画的形式构思设计，在动画片中着重突出凤凰装、凤凰冠以及单鼻鞋的制作过程和技艺，在展示畲族传统服饰的同时也让人们感受到畲族人结婚时的风俗人情和民族特色。

2. 全景漫游展示畲族传统服饰

全景漫游展示形式以其强烈的沉浸感和先进的交互性，为畲族传统服饰的展示提供了新的可能。将全景漫游展示形式运用到畲族传统服饰的展示设计中，可以给展示增加了真实感。在福建畲族乡或畲族村进行畲族服饰的取景，例如在畲族的传统节日“三月三”当天畲族妇女会穿着畲族传统服饰制作传统美食乌米饭，这样的场景就可以运用全景漫游的方式进行全方位的拍摄，既能很好地展示生活中的畲族传统服饰，又可以让更多的人了解畲族的民俗文化。全景漫游展示形式相较于运用三维建模技术制作的模型和场景更具真实性，给观者带来身临其境的感受。如果再配备虚拟现实眼镜、体感设备等，人机交互的体验感将更加强烈。运用全景漫游展示，可以把畲族传统服饰图像依托互联网嵌入页面，可以完成畲族传统服饰的三维空间图画的播映，使观众通过互联网进行畲族传统服饰的欣赏与认识。

3. 数字展厅展示畲族传统服饰

数字展厅是利用多媒体技术，将360° 全景拍摄、视频、声音、图片以及设计等表现形式集中在展示的服饰文物上。运用数字展厅形式进行畲族传统服饰的展示可以实现前所未有的视觉传达与交融互动的体验，使参观者可以很好地融入数字展厅的展示内容之中。此展示形式比较适合展示畲族大型的活动，例如，“二月二”又称为会亲节，是畲族仅次于春节的传统节日，这一天畲族人民会盛装打扮回到祖地会亲。通过数字展厅的展示形式对其进行展示，在观赏畲族有趣的节日活动的同时，更好地欣赏畲族服饰的动态美。

（二）移动终端 APP 展示畲族传统服饰

移动终端 APP 是智能手机的扩展功能，结合一些移动终端自身的功能又可以对 APP 应用产生新的扩展功能。例如，在展示畲族传统服饰方面，可以结合实物的增强现实功能，以及配有触感元件的实体玩具与智能移动设备进行交互。在平板电脑和智能手机为主要媒介的时代，利用移动终端 APP 进行畲族传统服饰的展示与宣传可以使受众人群进一步扩大。随着技术的发展，移动设备的扩展应用软件还有很多升级、创新的空间，功能会更加强大，展示和宣传效果会随之优化。

移动设备 APP 为畲族传统服饰的展示和宣传开辟了一条新的途径。其具有便于保存和传播的优点，通过手机或平板电脑上的应用程序，简单下载就可以实现复杂的交互行为。阅读和了解畲族传统服饰文化更加方便。移动应用是数字化后的畲族传统服饰图像等信息的出口。畲族传统服饰爱好者和研究者可以得到畲族传统服饰的结构、纹样等信息，是很多服装设计师进行服装创作寻找灵感的主要途径。民族文化爱好者可以通过畲族传统服饰的纹样和畲族介绍了解到畲族文化知识，也会激发使用者对福建地区的畲乡或畲族村落旅游的兴趣。在数字呈现和美术表达方面，移动设备APP采用三维模型、三维动画等三维技术来实现对畲族传统服饰全方位地展示。

第四节　基于畲族博物馆对畲族传统服饰保护

当前，随着畲族乡和畲族自然村对外交流日益频繁，畲民的生活方式和消费方式发生了变化，信息技术的发展给原来封闭落后的畲族山区带去了外来文化，其中的潮流服饰文化与信息的涌入使畲民在穿着打扮上有了新的想法和变化。在这种大发展、大融合的时代背景下，畲族传统服饰势必要面临严峻的考验和巨大的冲击，保护畲族传统服饰文化势在必行。畲族博物馆作为收藏、展示、研究畲族传统服饰的重要机构，其发展现状与趋势会直接影响畲族传统服饰保护与传承的效果与策略。

（一）基于博物馆对畲族传统服饰保护的现状

通过对福建省畲族乡和畲族村的田野调查发现：一方面，畲族传统服饰博物馆和畲族传统服饰文化传习馆等大型场馆甚少（表 3-1），没有很好地为畲族传统服饰文化的保护与传承提供所需的载体与场所。畲族博物馆的缺少，直接导致畲族传统服饰文化失去了“生存”的载体与依托，致使畲族传统服饰与畲民日常生活的距离越来越远。保护与传承畲族传统服饰成了棘手的问题。而且现有的畲族博物馆在硬件设施方面严重不足，数字设备老旧现象明显，不能满足畲族传统服饰传承保护的需求。另一方面，畲族博物馆的缺失也会加快畲族传统服饰相关技艺失传的速度，进而面临后继无人的窘境，直接导致当代畲族青年对畲族传统服饰越来越陌生，畲民对畲族传统服饰保护意识愈加淡薄。考察发现，畲民平时很少穿戴畲服，日常着装和汉族群众无异。除了大型民俗活动外，畲民很少进行与畲族传统服饰文化相关的活动，这就导致畲族传统服饰文化在畲民的生活中失去了“赖以生存”的基本条件，使畲族传统服饰文化边缘化的状态愈加明显。随着畲民聚居区的发展与畲民生活的改善，畲族传统服饰对畲民而言不再那么“有用”，畲族传统服饰的生产工具被闲置，传统的畲绣技艺在畲民年轻一代这里几乎失传等，致使畲族传统服饰的生存空间进一步被压缩，畲族传统服饰的使用范围骤减，因此后人想要从社会生活的痕迹中去探寻畲族传统服饰文化的方式是不现实的。

表3-1　畲族博物馆基本情况

名 称	所在地	建馆时间	展馆特色
闽东畲族博物馆	福建省宁德市	1988年	馆藏内容丰富，从宗教祭祀、服装首饰、生产用具、生活用具和工艺品等方面展示畲族的婚礼、不同地区不同样式的传统服饰以及生产生活习俗等面貌
中华畲族宫	福建省宁德市金涵畲族乡	1995年	该馆设前言厅、历史厅、风情厅和现代厅等四个厅，全面展示畲族传统文化，具备展示、研究、信息和教育功能
中华民族博物院畲族博物馆	北京市	2002年	主要有畲族传统生产、生活方式原状复原陈列，所有展品征集于福建、浙江地区，多为清康熙年间至近代畲族相关文物
中国畲族博物馆（原景宁畲族博物馆）	浙江省景宁畲族自治县	2008年	该馆分布为序厅、起源与迁徙、环境与聚居、生产与交换、饮食与服饰等八个展厅。重点藏品为畲族祖图，特色藏品为畲族服饰、族谱以及狩猎器物等

续表

名 称	所在地	建馆时间	展馆特色
闽台畲族博物馆	福建省漳浦县赤岭畲族乡	2019年	该馆包含“漳浦畲族历史文化”和“闽台畲族源”两个展示馆。主要展示畲族重要文物史迹及代表性建筑等，并通过服装首饰和工艺品等方面，展示畲族婚礼、不同地区不同样式的畲族传统服饰等面貌以及改革开放以来浦台两地畲族同胞的经贸文化交流往来和闽台畲族族谱对接成果

（二）基于博物馆对畲族传统服饰保护的现状分析

随着文化部门及相关单位呼吁和倡导积极开展服饰文化保护工作，保护和传承具有代表性的民族传统服饰文化，畲族传统服饰在此背景下也受到越来越多的关注。对于畲族传统服饰文化的濒危现状和长远发展而言，目前的关注度和政策支持还不够，对畲族传统服饰文化的保护也有偏差。畲族传统服饰文化类型的博物馆急需增设，从而完善畲族传统服饰文化保护与传承的载体，为畲族传统服饰的传承保护提供相对直观和准确的基础性研究资料。现阶段，依托现有的畲族博物馆，当地政府、专家学者以及普通民众对畲族传统服饰文化的关注度虽然有增加，仍旧不能从更深层次去归正畲民的观念。而且畲族博物馆目前对畲族传统服饰的展示、保护及传承方式方法也需要调整与加强，主要问题表现在对畲族传统服饰文化的保护和传承工作过程中急于求成，导致形式化、片面化的错误工作方式，对畲族传统服饰文化造成二次伤害。对畲族传统服饰所蕴藏的畲族文化核心及其文化的自然与社会生态环境，没有做到全面而有效地展示、保护与传承。

（三）基于博物馆对畲族传统服饰的活态传承

目前，畲族传统服饰赖以生存的自然、社会、文化环境的消失，畲族传统服饰的保护与传承工作十分紧迫。如何保护与传承畲族传统服饰成了棘手的问题。就博物馆的传承保护形式来分析，可以分为以实体传承保护形式为主体的实体博物馆、以数字化传承保护形式为主要手段的数字博物馆以及强调保护与传承文化遗产真实性、完整性和生态性的生态博物馆。通过实体博物馆、数字化博物馆以及生态博物馆三种形式的有机结合，实现畲族传统服饰的活态传承与生态发展，从而更好地展示畲族传统服饰的文化价值与传承意义。

1. 实体博物馆保护传承形式

实体博物馆是民族文化展示空间的溯源形态之一。因此，畲族传统服饰的展示与保护需要实体博物馆为载体，根据畲族传统服饰的“物质”形体与“非物质”内涵进行针对性的展示与传承保护。就目前来看，国内与民族服饰文化相关的博物馆类型有：纺织服装博物馆、民族博物馆以及民俗博物馆等。实体服饰博物馆主要以传统服饰文物静态展示为主，配合使用一些与之相关的多媒体设备，在展示效果方面尽量达到视觉感官效果、整体效果以及情节效果三者的统一。

针对畲族传统服饰文化的博物馆设计：一方面，可以在馆内还原构造畲族古村落、畲族传统民居样式、畲族家居风格、畲族传统服饰设计与制作的老作坊和工艺坊，这些场景的还原可以让观众更加直观地感受和体验畲族传统服饰的文化价值与艺术魅力。例如，闽东畲族博物馆、闽台畲族博物馆地处畲族乡，要利用好博物馆的地域优势，在博物馆内可以设置专门的畲族传统服饰文化活动演艺厅，相关部门可以为其编排具有畲族风情的文艺活动，通过一系列的活动展现畲族传统服饰文化的活态魅力，把畲族乡的活态畲族传统服饰文化“植入”博物馆内。同时，积极调动当地畲民的主人翁意识，加强畲民民族传统文化的保护与传承意识，让畲民深刻认识到畲族传统服饰文化的文化价值与艺术魅力，使之成为畲族传统服饰文化保护与传承的参与者与见证者。另一方面，可以通过与畲族传统服饰相关的民俗文物、制作工具、服饰原材料等实物设计，还原畲族传统服饰设计与制作的原貌；还可以通过畲民蜡像、畲民泥塑等人物造型方式以及环境渲染，还原畲族传统服饰的民风民俗等。例如，中华民族博物院畲族博物馆、中国畲族博物馆（原景宁畲族博物馆）内的畲族传统服饰传世品比较多，可以邀请畲族传统服饰技艺传承人现场展示畲绣、纺织等工艺，这样可以让参观者更加直观地感受畲族传统服饰的制作流程与技艺，“零”距离感受畲族传统服饰纹案、色彩以及内在的文化蕴含。

实体博物馆展示也有一定的局限性。例如，实体畲族传统服饰博物馆在展示畲族传统服饰时无法告知畲族传统服饰的制作工艺与流程，使参观者面对实物时有“知其然而不知其所以然”的困惑，从而影响了观众对畲族传统服饰文化的认知深度。为了达到更好的体验效果，畲族传统服饰博物馆可以让畲族传统服饰技艺传承人进行以馆藏的畲族传统服饰文物为原型的再设计活动，制作其复制品，观众在参观的同时可以通过复制品的穿戴来感受畲族传统服饰的工艺和文化内涵等，让观众真正“走进”文物，切身感受畲族传统服饰的魅力与韵味。同时还要考虑观众的年龄、性别以及情境需求，借助情景再现的设计模式构建出与各类型畲族传统服饰文化内涵与寓意相吻合的场景和环境，让体验者在感受畲族传统服饰魅力的同时了解畲族的风俗人情和地域特色，从而达到畲族传统服饰活态传承的目的与效果。在畲族传统服饰文化传承方面，要加强对畲族传统服饰技艺传承人的培养与保护，也可以定期开展针对畲族传统服饰文化为主题的学术讲座，让更多的专家学者参与到保护与传承畲族传统服饰文化当中，为畲族传统服饰的活态传承建言献策、提供新思路和新技术等。这样才能更好地实现畲族传统服饰的活态化传承与发展。

2. 数字博物馆传承保护形式

在传统文化保护领域，从保存的视角来看，信息性保存（informational preservation）被认为是冉冉升起的新门类。这类保护是基于“记录”的生产，这些记录可以给观众带来虚拟的体验。把数字博物馆这种“虚的载体”引入畲族传统服饰的传承保护中去，也是社会发展过程中对民族传统文化保护的要求与趋势。实现由畲族传统服饰文物转向其背后所蕴含的时代和文化内涵。数字博物馆让畲族传统服饰活态传承的方式得到了进一步拓宽与延伸。

在畲族传统服饰文化数字博物馆构建中，虚拟现实技术为畲族传统服饰文化数字博物馆的实现提供了技术支撑，通过畲族传统服饰的动态图片、畲族传统服饰的制作工艺专题片以及畲族题材的动画片等形式的结合与嫁接，达到角色体验、声音体验以及情境体验的效果。第一，角色体验。畲族传统服饰文化数字博物馆应以观众的精神感受为中心，所有设计与构建都要把以人为本的理念融合进去。VA/AR 技术与动作捕捉技术相结合，可以很好地达到真正的角色体验，使体验者对畲族民族服饰纹案、畲绣技艺等有深层次的了解。例如，闽东畲族博物馆中，畲族传统服饰藏品丰富，可以运用 3D 建模技术、CAD 打板等技术对畲族传统服饰进行还原，之后借助虚拟试衣设备把畲族传统服饰穿戴在体验者身上，体验者可以多角度旋转展示自己穿戴畲族传统服饰的效果，也可以任意搭配服饰，体验不同的服饰款式所带来的感官享受。第二，声音体验。在畲族传统服饰文化数字博物馆中可以体验全方位、多层次的 360° 声音捕捉所带来的听觉享受，加上专门为畲族传统服饰文化题材的画面配的畲语和畲族民歌或小调的生动模拟，给观众带来更加真实的听觉体验。例如，对博物馆中畲族传统节日服饰这类藏品的展示时可以把声音与服饰完美地结合在一起，生动的旋律配合着穿戴畲族传统服饰的畲民的肢体语言，可以生动形象地还原出真实的畲族节日的气氛和情调。第三，情景体验。畲族传统服饰文化数字博物馆可以为观众带来“身临其境”的真实感，“情景”要以“景”为基础，前者是后者本质精神的提炼和升华。360° 全景高清画面要比常规的实体展示形式更容易获得关注，所以数字博物馆在体验畲族传统服饰文化方面会带来全新的体验，可以让观众“零距离”感受畲族传统服饰带来的视觉享受与文化内涵。

3. 虚拟博物馆展示畲族传统服饰

虚拟博物馆是基于“互联网 + 三维虚拟现实 + 数字展示系统”而形成的展示系统。运用虚拟博物馆进行畲族传统服饰展示时，明确的展示主题、内容和目的是成功的关键。明确的主题结合情景化的展示氛围，可以引导用户进入其中，亲身感受甚至进入角色，达到“润物细无声”的参观效果。虚拟现实系统构建的虚拟博物馆可以和人进行交互，得到与反馈信息，并产生感受。虚拟博物馆中所构成的情景，可以来源于现实场景，也可以模拟还原畲族的古遗迹，甚至是根据畲族传统服饰展示主题的需要而虚构的场景。在虚拟展馆中欣赏畲族传统服饰的过程中，参观者占据主导地位。参观者可根据自己的需求而选择不同的主题展厅，增加参观的趣味性和自主性。

虚拟博物馆展示形式丰富了人们的情感体验。通过虚拟现实技术可以创造出畲族传统服饰展示所需要的不同年代、各式各样的情景，通过不同场景的衬托使畲族传统服饰更加鲜活，畲族传统服饰文化与民族风俗融为一体，为畲族服饰文化的展示与传播提供了快速、仿真视觉的平台，极大地丰富了参观者的精神及情感世界。从“以物为主”的传统展示变为“以人为主”的参与展示，把视觉、听觉以及触觉融为一体，极大地丰富了畲族传统服饰的展示形式，从而使展示形式呈现出多层次、立体化的格调，很好地体现出虚拟博物馆人性化的设计优势。

4. 生态博物馆传承保护形式

服饰是穿着在身上的文明。对畲族服饰文化的保护要体现形式的生态性，打造“原汁原味”的畲族传统服饰文化展示载体，这就体现出民族文化原地保护的重要性。生态博物馆保护形式可以很好解决专家学者和当地居民的参与保护和陈列研究等一系列问题，可以强调畲族传统服饰文化与自然的整体，以展现其生活方式。例如，福建省宁德市金涵畲族乡、漳浦县赤岭畲族乡等畲族聚集区大多地处大山深处，随着旅游业的发展和国家对畲族传统文化保护力度的加强，越来越多的观众渴望到畲族村寨感受真正的畲族生活；依托畲族聚集的村寨可以打造出适合畲族传统服饰文化发展与传承的生态博物馆。生态博物馆可以为畲族传统服饰文化提供新的发展路径与渠道，生态博物馆的建设在有效保护与传承畲族传统服饰文化的同时，对畲族传统村寨和民俗文化的传承保护也起到了积极的推动作用，为畲族整个文化体系的传承和弘扬打下良好的基础，促进畲族传统文化遗产的发展和保护，文化展示空间得到拓展，让参观者和体验者可以真正地沉浸在传统的畲族村寨，感受畲族传统文化和民俗的独特韵味和风情；同时带动畲族村寨生态旅游的兴起，促进畲族村寨的经济发展和文化保护。这既符合当下利益，又兼顾了群众的长远需求，阐释了“生态和生计”的辩证关系，满足了畲族传统服饰活态传承的需求。促进传统文化回归潮流，让畲民意识到民族文化的重要性，尝试重新穿起不再“流行”的畲服传统服饰进行工作与生活。

畲族每年的“三月三”“封龙节”等节日都会在畲族村寨举办文艺活动来庆祝，在这个过程中畲民都会穿上具有畲族特色的传统服饰来体现自己的民族身份。在一定程度上，畲族传统服饰担负着畲族向外进行文化交流的标志性符号，对内承担着社会教化的使命，具有传播畲族文化、凝聚族群与地方认同的积极促进和推动作用。生态博物馆的建设可以加快畲族传统服饰的创新性设计。要想让更多的畲民、民族文化爱好者以及普通的参观者接受畲族传统服饰，首要问题就是创新性传承。面料和刺绣工艺都要与时俱进，相较于以前的畲族传统服饰，现代的畲族传统服饰在纺织面料、刺绣工艺等方面与以前的畲族传统服饰都要做很大的改变和创新，更加符合当代畲民的生活和工作需要。在保持畲族传统服饰最基本的形制、纹样以及色彩的基础上进行创新性“改革”，畲族传统服饰才会得到活态传承，更好地实现畲族传统服饰的当代价值与传承意义。遵循“保护＋传承＋发展”的原则，深度挖掘畲族聚居地的文化内涵和乡土文明，因地制宜打造出具有鲜明特色的畲族生态博物馆，让生态博物馆成为传承畲族传统服饰文化的乡土文明的活标本，折射出当地的民俗环境、宗教信仰、审美情趣和文化心理等。

总之，当前畲族传统服饰文化面临着严峻的形势，畲族服饰的制作技艺正在消失。数字化保护手段的运用使畲族传统服饰文化的保护有了新的形式。通过互动多媒体、虚拟博物馆以及移动终端 APP 等形式，可以高效快捷地进行畲族传统服饰文化的保护和传承工作。通过数字化的展示形式为畲族服饰研究者或爱好者提供更丰富的体验，更是为畲族年轻一代能结合时代发展，传承本民族传统服饰文化提供了与时俱进的路径。科技助力畲族传统服饰文化的传播，使畲族传统服饰文化保护、利用与传承工作更好地进行。保护畲族传统服饰是畲族文化活态传承的重要建设领域之一。畲族传统服饰的保护与传承具有重要的理论与现实意义。畲族传统服饰文化不但是中国传统服饰文化的重要组成部分，也是畲族群众千百年来智慧的结晶，是畲族祖先留给后代无价的物质和精神财富。对畲族传统服饰进行保护与传承功在当代，利在千秋。基于博物馆进行畲族传统服饰的保护与传承，不仅是为了保存珍贵的历史遗存，用于展览或者开展文化活动，更为重要的是留下畲族传统服饰演变与发展进程中的精华，通过实体保护、数字化保护以及生态保护的有机结合达到全方位、多层次的展示与保护。在保护中利用，在利用中进一步诠释和丰富畲族传统服饰文化的历史、科学、艺术与社会价值，从中滋养出新时代的畲族文化精神。

第四章　福建畲族文化产业化开发

福建畲族文化生态链涉及文化产业全链条，包括畲族文化创意、畲族文化传播、畲族文化旅游等多个领域。它强调了文化产业的生态系统，即各个环节之间的相互关联和依存关系。这有助于促进文化产业的可持续发展。福建畲族文化产业开发是福建各级政府部门与组织非常重视的一项工作。福建畲族拥有厚重的历史和丰富的非物质文化遗产。充分利用好文化资源，对文化资源进行合理的开发利用，促进畲族文化产业的生态化发展，既是对畲族传统文化的传承与保护，也是对畲族传统文化的创新与发展。这样才能更好地发挥畲族文化创意产业在经济发展中的重要作用。

第一节　畲族文化产业开发的有效措施

福建畲族文化产业是以畲族文化和创意为核心，以知识产权为基础，以市场为导向，以文化产品和服务为主要内容的产业；它是一种新的产业形态，具有高附加值、高知识密集度、高技术含量、高文化内涵等特点。畲族文化产业的发展不仅可以促进经济增长，还可以推动畲族文化传承和创新。

（一）政策扶持

政策扶持是福建畲族文化产业生态化发展的重要保障。政府相关部门和组织出台一系列关于畲族文化产业生态化发展的扶持政策，如对畲族文化创意公司或工作室给予税收优惠、财政补贴、知识产权保护等，以吸引更多文化创意企业和个人投入到畲族文化产业中。此外，政府还可以加大对畲族文化产业的宣传和推广力度，提高畲族文化产业的知名度和影响力。

第一，政策扶持可以促进福建畲族文化产业的创新发展。由于文化产业是一个高创新性的产业，需要不断地推陈出新，才能保持竞争力。政策扶持可以为福建畲族文化产业提供资金支持，为企业提供税收优惠政策，为创新文化人才提供创业培训和奖励等，从而激发创新活力，促进畲族文化产业生态化发展。政策扶持可以提高福建畲族文化产业的国际竞争力与影响力。畲族文化产业的生态化发展不仅可以促进该地区经济的增长，还可以增加国际贸易收入，提高国际竞争力。同时政策扶持可以为福建畲族文化产业提供国际化的平台和资源，为畲族文化相关企业提供国际化的培训和支持，从而提高企业的国际竞争力，促进福建畲族文化产业的国际化发展。

第二，政策扶持可以促进福建畲族文化产业的多元化发展。畲族文化产业是一个多元化的产业，不同领域的企业和人才参与才能实现福建畲族产业的全面发展。政策扶持可以为不同领域的产业和人才提供支持和奖励，为畲族文化产业的多元化生态化发展提供保障。政策扶持可以促进福建畲族文化产业的可持续发展。畲族文化产业可持续发展需要政府、企业和社会各方面的共同努力。政策扶持可以为畲族文化产业提供长期稳定的政策支持，为畲族文化企业提供可持续发展的支持和指导，从而促进福建畲族文化产业的可持续发展。

总之，政策扶持是福建畲族文化产业发展的重要保障。政府应该加大对畲族文化产业的政策支持，为企业提供更多的支持和帮助，促进畲族文化产业创新发展、国际化发展、多元化发展和可持续发展。同时，相关企业和社会各方面也应该积极参与，为福建畲族文化产业的发展献计献策。

（二）人才培养

人才培养是福建畲族文化产业创新发展的重要支撑。福建畲族文化产业的生态化发展需要相关人才的加入与支持，在人才培养方面应采取多措施、多途径、多领域的模式。如在福建高校可以开设相关专业课程、组织实践活动和畲族文创主题专业竞赛等。此外，还可以加强与高校、研究机构的合作，共同研究福建畲族文化产业的发展趋势和前沿技术，为畲族文化产业发展提供智力支持。随着畲族地区经济的不断发展，畲族文化产业已经成为一个新兴的产业领域，受到了越来越多的关注。

由于福建畲族文化产业是一种以畲族文化为基础，以创意为核心，以产业化为手段的产业形态，所以畲族文化产业的发展需要大量的专业人才，这些人才需要具备较高的文化素养、创新能力和专业技能。在人才培养方面，我们需要重视专业教育的作用，最大程度做到术业专攻，专岗专才。专业教育是培养畲族文化产业人才的重要途径。只有通过专业教育，才能够为福建畲族文化产业提供创新型人才。因此，我们需要加强专业教育的投入，提高专业教育的质量，培养更多的畲族文化产业人才。

此外，福建畲族文化产业的人才培养还需要重视企业的作用。企业是文化产业的主要推动力，只有通过企业的支持，才能够为畲族文化产业提供更多的就业机会和发展空间。因此，我们需要加强企业投入，提高企业的创新能力，培养更多畲族文化产业人才。总之，人才培养是福建畲族文化产业发展的重要支撑。只有通过人才培养，才能为畲族文化产业创新发展提供源源不断的动力，从而推动福建畲族文化产业的快速发展。

（三）市场拓展

市场拓展是福建畲族文化产业发展的重要途径。我们可以通过多种方式进行市场拓展，如开展畲族文化创意产品展销会、举办文化创意主题活动、开发文化创意游戏等。此外，我们还可以加强与其他民族文创企业的合作，共同开发畲族文化创意产品服务，拓展市场空间。随着经济的发展和人们生活水平的提高，畲族文化产业已经成为推动福建畲族经济增长的新引擎。然而，要想让福建畲族文化产业发展得更好，市场拓展是关键。

市场拓展可以为福建畲族文化产业生态化发展带来更多的机会。畲族文化产业是一个充满机会的行业，它涵盖很多领域，包括畲族文化、畲族艺术、畲族文创产品设计、畲族文化旅游等。同时福建畲族文化产业市场拓展可以促进不同国家、不同地域、不同民族的文化交流。文化产业是一个跨越国界的行业。市场拓展可以让福建畲族文化创意产品和服务走向更广阔的市场，让更多的人了解畲族文化，从而促进各民族文化之间交流和融合。

此外，市场拓展可以提高福建畲族文化产业的竞争力。市场是竞争的场所，只有在市场上获得更多的份额，才能获得更多的利润和发展机会。市场拓展可以让福建畲族文化企业更好地了解市场需求，提高产品和服务的质量和竞争力，从而在市场上获得更多的份额。市场拓展还可以促进福建畲族文化产业的可持续发展。市场拓展可以让福建畲族文化企业获得更多的收益，从而更好地投入到研发和创新中，推动畲族文化产业的可持续发展。只有通过市场拓展，才能让福建畲族文化产业走向更广阔的市场，促进各民族文化交流和融合，提高生产竞争力，推动行业的可持续发展。

（四）技术创新

技术创新是福建畲族文化产业发展的重要动力。我们可以加强与科研机构的合作，共同研发畲族文化创意产品的新技术、新材料和新工艺，提高产品和服务的质量和竞争力。此外，我们还可以加强知识产权保护，鼓励企业加大研发投入，提高技术创新能力。总之，畲族文化产业是一个充满活力和创新的产业，不仅可以促进经济增长，还可以推动畲族传统文化的传承与创新发展。福建畲族文化产业作为新兴产业，通过创造和生产文创产品和创意服务来推动经济增长和畲族文化产业创新发展。福建畲族文化产业的发展需要技术创新的支持。这是因为技术创新可以提高畲族文创产品的质量和效率，降低生产成本，增强市场竞争力，从而推动福建畲族文化产业的发展。

技术创新可以提高畲族文创产品的质量。随着科技的进步，人们对文创产品的质量要求越来越高，如更逼真的虚拟现实体验、更高清晰的影像、更流畅的游戏体验，等等。技术创新可以让畲族文创产品更吸引人，提高用户体验，从而增加销售额和市场份额；技术创新可以提高畲族文创产品的生产效率。畲族文化产业是劳动密集型产业，需要大量的人力资源来创造和生产文创产品，因此人力资源的成本是很高的，而且人力资源的数量和质量也有一定的限制。技术创新可以很好地帮助畲族文化产业提高生产效率，比如通过自动化生产线、智能化设备、人工智能等技术来减少人力资源的使用，从而降低生产成本，提高生产效率。技术创新可以增强福建畲族文化企业的市场竞争力。文化产业是一个竞争激烈的市场，需要不断创新才能保持市场竞争力。总之，技术创新是福建畲族文化产业发展的重要支撑。畲族文化产业需要不断地引入新技术、新设备、新方法，不断地创新，才能不断地提高畲族文创产品质量、生产效率和市场竞争力，从而推动整个民族文化产业的发展。

第二节 畲族文化产业开发的当代价值

畲族文化产业开发不仅可以为福建畲族地区经济发展带来新的增长点，而且能够推动畲族文化的传承和创新。文化产业的发展已经成为了国家重要发展战略，各级政府部门与组织应极力支持福建畲族文化产业的发展，鼓励依托畲族文化资源进行创新和创业。在福建畲族文化产业的发展中，知识产权的保护和应用尤为重要。各级政府部门与组织应该加强知识产权的保护力度，打击盗版行为，同时也应该鼓励企业加强自身的知识产权保护意识，积极运用知识产权相关法律来保护自身的创意创新成果。畲族文化产业的发展对于经济和文化的发展都具有重要意义。各级政府部门、组织和相关企业应该共同努力，为福建畲族文化产业的发展创造更好的环境和条件。

（一）畲族文化产业开发促进畲族地区可持续发展

畲族文化产业的开发对于促进福建畲族地区经济发展具有重要的意义。福建畲族文化产业开发可以很好地将畲族文化资源转化为经济资源。畲族文化产业是一种创新型产业，需要技术和创意不断地创新，这就需要大量的研发投入和人才支持。畲族文化产业作为高附加值产业，它的产品和服务具有很高的附加值，可以带动相关产业的发展。畲族文化产业是一种劳动密集型产业，具有高附加值和高利润率的特点，通过开发畲族文化产业，可以创造大量的就业机会，带动就业和创新创业。畲族文化产业开发可以提高畲族地区的经济水平，促进其经济的增长。同时，畲族文化产业还可以促进相关产业的发展，如旅游业、餐饮业等，进一步推动畲族地区经济的全面发展。

福建畲族文化产业开发可以为福建文化产业市场注入新的活力。随着经济的发展，市场竞争越来越激烈，传统的产业结构、发展模式、营销方式已经无法满足人们的需求。而畲族文化产业的发展可以为市场注入新的活力，为消费者提供更多元化的选择。例如，畲族题材动画电影、畲族元素音乐、畲族风格游戏等文化创意产品的不断涌现，可以满足人们对于畲族文化研究和文化消费的需求，为福建文化产业市场带来新的增长点。

畲族文化产业开发可以提高福建以及畲族地区的知名度和美誉度。在全球化的背景下，城市和地区之间的竞争越来越激烈。而畲族文化产业的发展可以为福建和畲族地区提供更多的文化资源和旅游资源，提高福建和畲族地区知名度和美誉度。例如，三明永安清水古村落、漳州闽台畲族博物馆、宁德中华畲族宫等文化景点，吸引了大量的国内外游客，为当地畲民带来了可观的经济效益。

福建畲族文化产业的发展需要不断地创新，这可以促进科技进步和技术创新。例如，畲族动画电影制作需要先进技术和设备，畲族风格游戏开发需要高超的编程技巧和艺术设计，这些都可以促进科技进步和技术创新。同时，福建畲族文化产业的发展也可以为其他创意产业提供经验和创新方案，推动整个福建文化产业经济的发展。

福建畲族文化产业的发展可以提高国家的软实力。畲族文化产业作为民族文化产业的重要组成部分，同时也是国家软实力的重要体现，可以为国家树立良好的形象和声誉。例如，“三月三”畲族文化节活动、畲族封龙节、畲族招兵节等文化活动在国内外的影响力越来越大，为国家民族团结与繁荣树立了良好的形象和声誉。福建畲族文化产业的发展不仅可以促进国际交流和合作，还可以为国家的经济发展提供支持。同时，畲族文化产业的发展还可以提高市场竞争力，为社会创造更多的就业机会，促进福建和畲族地区的经济发展，提高国家的软实力。因此，我们应该加大对福建畲族文化产业的资源支持和投入，加速福建畲族文化产业高质量发展。畲族文化产业为文化输出提供了丰富的资源，通过推广畲族文化产品和服务，可以让更多的人感受和体验畲族文化的魅力。这有助于提高福建畲族地区的文化软实力，增强该地区的文化影响力和吸引力。同时，福建畲族文化产业的发展还可以促进福建民族文化创新和创意产业的发展，推动福建民族文化企业的不断创新和发展。

畲族文化产业通过畲族文化产品和服务的交流，可以促进不同地区之间的文化交流和融合。这有助于增进不同地区之间的相互了解和认识，促进地区间的和谐发展。福建畲族文化产业开发可以促进畲族地区的可持续发展。畲族文化产业是一种以资源节约和环境保护为基础的产业，通过畲族文化产品和服务的创新与推广，可以促进该地区的可持续发展。同时，福建畲族文化产业开发还可以促进畲族文化遗产的创新保护和活态传承，保护畲族文化资源，为畲族地区的可持续发展提供保障。

（二）畲族文化产业开发促进文化旅游融合发展

畲族文化产业开发是福建畲族文旅产业可持续发展的重要组成部分。畲族文化产业开发与文旅产业的发展密不可分。畲族文化产业开发为福建畲族文旅产业提供丰富的文化资源。畲族文化资源是畲族文旅产业的重要组成部分，是吸引游客的重要因素。畲族文化产业开发可以挖掘和利用丰富的畲族文化资源，为畲族文旅产业提供更多元化、更具民族特色的旅游产品。比如，畲族地区可以通过开发畲族文化遗产、畲族民俗文化、畲族传统节日等，为游客提供更加丰富多彩的旅游体验，同时也可以保护和传承畲族文化遗产，促进畲族文化的传承和发展。

畲族文化产业开发可以提高福建畲族旅游产业的附加值。旅游业作为典型的服务业，其附加值相对较低。而畲族文化产业开发可以为畲族旅游业提供更高附加值的产品和服务，从而提高畲族旅游业的经济效益。比如，通过开发畲族文化创意产品、畲族文化主题体验馆等，为游客提供更加个性化、高品质的畲族文旅产品，为旅游业带来更高的经济效益。畲族文化产业开发可以促进旅游业的区域协调发展。旅游业是一个典型的地域性产业，其发展需要依托地域的文化自然资源。

畲族文化产业开发可以为不同地区提供互补性的文化资源和文旅产品，促进不同地区的旅游业协调发展。福建畲族旅游业的可持续发展需要考虑经济、社会、环境多个方面的因素。而畲族文化产业开发可以为福建畲族旅游业提供更加可持续的发展模式。比如，通过开发畲族文化生态旅游、畲族文化农业旅游等，可以实现畲族旅游业与自然环境的和谐发展，同时，也促进了当地社会经济的发展。

（三）畲族文化产业开发促进文化遗产保护与传承

福建畲族文化产业开发是一项重要的经济活动，它不仅可以为畲族地区带来经济效益，还可以创新保护与传承畲族文化遗产。畲族文化遗产是畲族的重要财富，是畲族的历史变迁和文化发展的见证，因此，保护与传承畲族文化遗产是国家和民族的责任。福建畲族文化产业开发可以为畲族文化遗产的保护和传承提供有力的支持，同时也可以弘扬畲族文化的优良传统。

福建畲族文化产业开发可以为畲族文化遗产的保护与传承提供经济支持。畲族文化遗产的保护需要大量的资金和人力物力投入，而畲族文化产业开发可以为畲族文化遗产的保护与传承提供经济支持。通过畲族文化产业的开发，可以有效地将畲族文化遗产转化为经济资源，为畲族地区带来经济效益，同时也可以为畲族文化遗产的保护与传承提供新的模式与方向。例如，利用福建畲族文化遗产打造一系列独具特色的畲族风情旅游景点，可以吸引更多的游客前来参观与体验，从而促进畲族地区的产业结构的调整与模式创新，为畲族文化遗产的保护与传承提供更多的资金支持。

福建畲族文化产业开发可以为畲族文化遗产的保护与传承提供环境支持。畲族文化遗产的保护与传承需要传承人的努力和良好的传承环境。通过畲族文化产业开发，可以将畲族文化遗产转化为文创产品资源，提取畲族文化遗产元素打造成系列主题文创产品，创作畲族题材动画电影、舞台剧等进行推广，可以让更多的人了解、认识、接受并喜欢畲族文化遗产，从而促进畲族文化遗产的保护与传承。

福建畲族文化产业开发可以弘扬畲族传统文化。畲族传统文化是畲族人民的精神家园，是畲族人民的灵魂和精神支柱。通过畲族文创产品，可以让消费者了解畲族传统纹样、畲族独具特色的民族色彩、畲族人民的传统工艺以及畲族人民造物的技艺等。畲族文创产品蕴含着畲族人民对美好生活的向往，对民族文化的传承与发展，展现出畲族人民的家国情怀。

第三节　畲族文化产业开发的未来趋势

畲族文化产业的发展对于畲族地区的经济增长和文化传承都具有重要意义。在未来的发展中，我们要加强畲族文化遗产的保护、积极培育畲族创意产业、加强畲族文旅产业基础设施建设、促进文化旅游融合发展等方面的投入力度，积极打造福建畲族文化产业群，推出畲族文化系列 IP，促进畲族文化产业健康发展。

（一）加强文化遗产保护与传承

第一，畲族文化产业在未来的发展中，应加强对福建畲族文化遗产的保护与传承，如建立更完善的法律法规和监管机制，加强畲族文化遗产的保护与修复、传承与发展等工作。福建畲族文化遗产是国家和畲族人民的重要财富，是畲族历史和文化的见证，也是畲族文化传承的重要基石。畲族文化遗产的保护和传承工作一直以来都是国家和当地政府重视的问题。近年来，福建畲族文化遗产的保护和传承工作已经得到了重视和加强，但是在畲族文化产业开发方面仍然存在一些问题。为了加强畲族文化产业的发展，需要加强畲族文化遗产的培育。

第二，在保护福建畲族文化遗产的过程中，需要注重科学规划、合理布局，同时加强对畲族文化遗产的监管和管理，确保畲族文化遗产得到有效的保护。福建畲族文化遗产的传承是保护畲族文化遗产的重要手段。在传承畲族文化遗产的过程中，需要注重传承方式的多样性，同时加强对传承人的培养和教育，确保畲族文化遗产得到有效的传承。畲族文化遗产的利用是福建畲族文化产业发展的重要手段。在利用畲族文化遗产的过程中，需要注重新思维，确保畲族文化遗产得到有效的利用。在福建畲族文化产业的发展中，我们需要更加注重畲族文化遗产的保护，如加强对畲族文化遗产的保护、修复和维护，以确保它们能够被后代传承和发展。同时，还需要更好地利用畲族文化遗产，将其转化为福建畲族文化产业的重要资源，为畲族地区经济发展和民族文化繁荣作出贡献。

第三，需要加强对福建畲族文化遗产的保护和管理。这包括加强对畲族文化遗产开发与利用的监管和保护，确保它们在传承保护过程中不被破坏和损坏。同时，还需要加强对畲族文化遗产的修复和维护，以确保它们能够更长久地保存。此外，还需要科学利用畲族文化遗产。畲族文化遗产是畲族文化产业的重要资源，应该科学地利用它们，将其转化为畲族文创产品，为畲族文化产业的发展注入新的动力，从而带动畲族地区经济发展。

第四，需要加强对福建畲族文化遗产的传承和普及。畲族文化遗产是畲族历史和文化的见证，需要将其传承给后代，让他们了解和认识畲族文化的形成、演变与发展历程。同时，还需要加强对畲族文化遗产的普及与推广，让更多的人了解和认识畲族文化遗产，从而增强文化自信和文化认同。畲族文化遗产开发的原则与前提是“原汁原味”地保护畲族文化遗产。畲族文化产业的发展反哺畲族文化遗产的保护与传承。

第五，政府相关部门和组织应该加强福建畲族文化遗产的培育。畲族文化产业的发展需要加强文化遗产的培育。畲族文化产业以文化创意为核心，包括畲族文化创意、畲族文化旅游、畲族文化艺术、畲族传统体育等多个领域。畲族文化产业的发展对于促进畲族地区经济增长、增加就业机会、提高畲族文化国际竞争力等方面都具有重要意义。畲族文化遗产则是畲族历史、文化、传统和价值观的重要组成部分，是畲族文化产业发展的重要基础。总之，加强对畲族文化遗产的保护、传承和利用，是畲族文化产业发展的重要前提。只有加强畲族文化遗产的培育，才能够促进福建畲族文化产业的发展，实现经济增长、增加就业机会、提高国际竞争力等目标。

（二）培育文化创意产业

在福建畲族文化产业未来的发展中，政府相关部门和组织应该鼓励和支持福建畲族文化创意产业的发展，包括提供资金支持、优惠政策和创新创业培训等。畲族文化产业是以畲族文化遗产为核心，以文化创意为主要内容的产业。畲族文化创意产业是以文化创意为核心，以畲族文化产品和服务为主要内容的产业。福建畲族文化产业的发展对于福建畲族地区经济的发展和优秀传统文化的传承具有重要意义。因此，福建畲族文化产业的开发需要培育畲族文化创意产业。

一方面，福建畲族文化创意产业的培育需要加强人才培养。随着消费者对文创产品的质量要求越来越高，畲族文化创意产业想要高质量发展势必需要具备创意和设计能力的人才，因此，需要加强相关人才培养。在教育方面，应加大对福建畲族文化创意产业的支持，为相关专业的学生提供更多的实践机会和平台，让他们有机会接触到畲族文化创意产业设计和生产第一线，通过实践活动培养他们的创意和设计能力。同时，应该加强对福建畲族文化创意产业从业人员的培训，提高他们的专业技能和创意能力。另一方面，福建畲族文化创意产业培育需要加强政策支持。政府相关部门和组织应该出台更多的政策鼓励和支持畲族文化创意产业的发展。例如，可以提供税收减免、财政支持、租金优惠等方面的政策支持。同时，应该加强畲族文化创意产业的知识产权保护，鼓励和保护畲族文创产品创新。

此外，福建畲族文化创意产业的培育需要加强市场营销。畲族文化创意产品需要打开市场和抓住机会，因此，需要加强市场营销。通过广告宣传、促销活动、文旅融合等策略可以提高畲族文化创意和服务的知名度和美誉度，吸引更多的消费者。同时，可以通过互联网等新媒体和自媒体手段，拓展市场，开拓新的销售渠道。福建畲族文化创意产业的培育需要加强合作交流，畲族文化创意产业需要与其他相关产业进行合作交流，共同推动文化产业的发展。可以通过展览、论坛、研讨会等方式，加强与其他文化产业的交流合作，以便更好地促进资源共享和互利共赢。总之，福建畲族文化产业开发需要培育畲族文化创意产业。文化创意产业的培育需要加强人才培养、政策支持、市场营销和合作交流。只有这样，才能推动福建畲族文化产业的发展，为福建畲族地区经济的发展和畲族文化的保护与传承作出更大的贡献。

（三）加强文旅基础设施建设

在福建畲族文化产业未来的发展中，政府相关部门和组织应加强畲族地区旅游基础设施建设，包括畲族主题酒店、畲族文化旅游设施等，以高质量文化旅游体验来吸引更多游客。畲族文化旅游业作为福建畲族文化产业的重要组成部分，对于推动畲族文化产业的发展起着至关重要的作用。为了促进畲族文化产业的发展，加强畲族文化旅游基础设施建设是必不可少的。

加强福建畲族文化旅游基础设施建设可以提升畲族文化旅游体验。畲族文化旅游者在游览畲族文化景点时，需要有良好的交通、住宿、餐饮等基础设施来支持他们的旅行。如果这些基础设施不完善，旅游者可能会面临交通不便、住宿条件差等问题，影响他们的旅游体验。因此，加强福建畲族文化旅游基础设施建设可以提升旅游者的满意度，吸引更多的游客来福建畲族地区进行文化体验和消费。

加强福建畲族文化旅游基础设施建设可以促进畲族文化产业的生态化发展。良好的基础设施可以为畲族文化产业提供良好的运营环境。例如，建设现代化的畲族主题博物馆、畲族文化剧院、畲族历史展览馆等文化设施，可以吸引更多的文化活动和展览，提升福建畲族文化产业的影响力和竞争力。此外，完善的畲族文化旅游基础设施还可以为畲族文化产业提供更多的商机，例如建设畲族文创商业区、畲族文化展销中心等，可以吸引更多的商家和畲族文化消费者，推动福建畲族文化产业的发展。

加强福建畲族文化旅游基础设施建设可以促进畲族地区经济的发展。畲族文化旅游业作为具有较高经济效益的产业，可以为畲族地区带来较多的就业机会和税收收入。通过加强畲族文化旅游基础设施建设，可以吸引更多的游客来畲族地区旅游消费，带动当地的经济发展。例如，建设高速公路、机场、火车站等交通设施，可以提高畲族地区的交通便利性，吸引更多的游客前来旅游。同时，建设畲族文化主题酒店、畲族特色餐饮等服务设施，可以为畲族地区的群众创造更多的就业机会，促进当地经济的全面发展。

加强福建畲族文化旅游基础设施建设可以促进民族文化之间的交流。文化旅游是一种跨文化交流的方式。通过文化旅游，不同民族和地区的人可以相互了解、交流和学习。加强福建畲族文化旅游基础设施建设，可以吸引更多的外国游客来福建旅游，促进中外民族文化的交流。

（四）促进文化旅游融合发展

福建政府相关部门和组织应该鼓励畲族文化和旅游融合发展，包括开发畲族文化旅游、推广畲族文化旅游线路等。畲族文化旅游融合发展将畲族文化产业和旅游业有机结合起来。福建畲族文化产业开发需要促进文化旅游融合发展。畲族文化产业和旅游业是两个相互关联的行业，通过旅游的方式来推广和传播畲族文化产业，从而实现两个行业的互惠互利。畲族文旅融合发展能够为当地社会和经济的发展带来更多机会。

福建畲族文化旅游融合发展能够促进畲族文化产业的发展。畲族文化产业以畲族文化资源为基础，以畲族传统文化为内容，以文化创新为产出。福建畲族文化产业的发展需要市场为依托，通过旅游的方式，游客可以更加深入地了解畲族文化的形式和内涵，从而增加对畲族文创产品的需求。同时，畲族文化旅游也能够为畲族文化产业提供更多的展示机会，让更多的人了解到畲族文化产业的存在与发展的意义和价值。因此，畲族文化旅游融合发展能够促进畲族文化产业的发展，为畲族文化产业的繁荣作出贡献。

福建畲族文化旅游融合发展能够促进畲族旅游业的发展。畲族旅游业以文化旅游为主要目的，它的发展需要丰富的畲族文化资源。畲族文化产业是畲族旅游资源的重要组成部分，通过文化旅游方式，增加游客对畲族民俗风情的兴趣和吸引力的同时，畲族文化旅游也能够为旅游业提供更多的创新点和卖点，让旅游业更加有吸引力。因此，福建畲族文化旅游融合发展能够促进畲族旅游业的发展，为旅游业的创新发展提供文化支点。

福建畲族文化旅游融合发展能够促进畲族地区的经济发展。畲族文化产业和旅游业都是畲族地区经济的重要组成部分，它们之间的融合发展能够为畲族地区经济带来更多的培植点和增长点，能够为畲族地区带来更多的就业机会和创新发展机会，从而促进畲族地区的经济发展。因此，畲族文化旅游融合发展需要畲族文化产业开发和保护性旅游开发互惠互利的良好对策。这些对策实施需要政府、科研单位、院校、企业和社会等多方的共同努力，促进福建畲族文化产业的发展和畲族文化遗产的保护与传承。

第五章　文旅融合视域下福建畲族文创品牌建设

随着文旅融合领域与层次的拓展与深入，文化资源优化与整合已是民族文化产业发展的必然趋势。福建畲族文创品牌的建设以畲族文化元素为基础，以文化创意设计为手段，设计、生产出满足当代消费者需求的优质文创产品，深层次丰富福建畲族文创产业的内涵和外延。借助福建畲族传统文化营销模式，积极推动福建畲族文创品牌的建设，进一步优化福建畲族文旅产业中文创产品的品质，丰富文创产品的种类，树立良好的福建畲族文创品牌形象。结合当今文化产业和旅游产业融合的发展现状和趋势，对福建畲族传统文化中可利用和开发的元素进行归纳和分类，积极探索适合福建畲族文创品牌建设的途径和方法，提升福建畲族文创产品的品质和文化含量，积极实施文创产品的品牌发展战略，构建福建畲族文创品牌体系。

第一节　文旅融合与文创品牌相关理论

党的十九大将“加强文物保护利用和文化遗产保护传承”作为坚定文化自信的一个部分写进报告中，彰显出党中央对传承发展民族非遗的高度重视。畲族小说歌、畲族服饰、畲族三月三传统节日等都列为了国家级非遗名录，为中华文化史留下了美丽的篇章。畲族主要分布在福建、浙江等华东省份的山区。其中，福建畲族人口总数占全国畲族总人口半数之多，位居全国首位，“大分散、小聚居”是其分布的主要特点。福建畲族文明历经上千年的发展与传承，形成了绚丽多姿的畲族传统文化体系。通过对福建畲族传统文化元素的提取、整合、创新设计，打造出优质文化品牌，设计、生产出满足现代人们需求和喜欢的畲族文创产品；拓展畲族文创产品所涉及的消费领域，培植更多的畲族传统文化消费的增长点，从而给福建畲族乡村的畲民带来一定的经济效益，进而拉动畲族乡村文化创意产业的经济增长，加快发展成畲族传统文化创意产业，打造适宜畲族文创品牌机构生存、发展的“文化生态链”，为畲族传统文化创意产业的成长壮大、畲族文创品牌的塑造创造良好的平台和环境。

（一）文旅融合理论

随着我国民族文化产业的不断发展和民族特色旅游资源的不断开发，提高国家文化软实力和民族传统文化影响力进入新常态，依托民族传统文化而发展的文创产业都面临着转型升级和实现成为各民族战略性新兴产业的目标。畲族传统文化作为畲族文化产业与旅游产业重点开发和打造的民族文化符号和重要的文化创意产业新的经济增长点，具有丰富的文化价值与现实意义。

福建畲族文化产业与旅游产业的融合受到诸多因素的影响，主要因素可以归纳为三个方面：其一，文旅融合符合畲族传统文化创新发展的需求，具有一定的必然性。其二，畲族文创产品消费者的需求是文旅融合的外在推动力量，畲族文化产业和旅游产业内部结构的调整与发展思路的转变是促进融合的基础和条件。其三，国家政策的扶持以及福建各级政府和相关部门有利政策驱动、畲族传统文化创新与开发、信息化相关技术支撑等为其融合提供了良好的条件。总之，文化创意产业技术革新为畲族文化旅游产业有机融合提供了助力，国家扶持政策与制度条件提供了外界支撑力。充分发挥畲族传统文化的优势与特色，实现畲族传统文化的产业化，促进优秀传统文化的传承、传播，满足当代旅游消费者对畲族传统文化类文创产品的需求。

（二）文创品牌理论

品牌正在决定着消费者的选择。福建畲族文创品牌的建设有利于畲族文化产业与旅游产业的有机融合，为其提供了新的发展方向。依托福建畲族文化产业与旅游产业打造畲族系列文创品牌，积极实施品牌引领战略。

从文创产品需求者的角度来分析，独特性和标志性的文创产品才会得到消费者的青睐。正是由于消费者对文创产品越来越高的要求，促进了文创产品的品牌建设，更好地满足文创产品消费者日益增长的需求。福建畲族文创品牌的建设可以深入挖掘畲族传统文化中的可利用资源，实现畲族传统文化的活态传承和当代价值；可以整合现有的创意文化产业，实现福建畲族创意产业的品牌化发展，加快文化创意产业的转型和升级。福建畲族文创品牌的核心在于畲族传统文化符号。只有将畲族传统文化最具代表性的符号元素植入文创品牌建设的各个环节中，福建畲族文创品牌才能在众多文创品牌中脱颖而出，得到消费者的认可。

文旅融合的发展趋势下，要充分挖掘福建畲族传统文化资源，树立畲族文创品牌，打造畲族文创品牌形象，促进畲族传统文化相关的文化产业与旅游产业在市场竞争中得到长足发展，使品牌战略成为畲族传统文化传承与发展工作中的动力引擎和战略重点。

第二节　福建畲族文创产品发展现状与开发优势

近年来，在政府的引导和相关部门与组织的支持下，福建畲族文创产品的开发设计逐步展开。畲族文创产品的开发在一定意义上推动了畲族非遗的保护和传承，但仍然存在诸多问题。只有深入挖掘福建畲族文化资源的价值内涵和设计元素，广泛应用多种载体和表现形式，才能开发出兼具实用性和艺术性、适应现代人消费需求的文创产品。

（一）福建畲族文创产品发展现状

目前，畲族文创产品在品质和种类上都有所改善和突破，为畲族传统文化的传承保护带来了新的模式与方向。尽管如此，福建畲族文创产品的设计与开发还处于起步和探索阶段，文化创意的设计与创新在方法上还没有形成体系，在文创产品畲族元素的提取与再设计等诸多环节还存在以下若干问题。

其一，产品文化内涵不足。当下文创市场上销售和展出的畲族文创产品在文化内涵体现层面还不够，文创产品不能很好地讲述福建畲族人民的历史故事、民族文化艺术等。运用畲族文化元素进行文创产品开发与设计的创新潜能还有待再激发，福建畲族文化创意产业的关注度还不够，相关的融资渠道少，没有充足的资金支持创新研究，从而导致福建畲族文化创意产业发展滞后，跟不上时代的步伐。

其二，产品重装饰轻实用。畲族文创产品在外观设计方面主要考虑装饰性，例如，以畲绣纹案、彩带图案拼贴为主要形式，致使设计出的畲族文创产品色彩与图形千篇一律，缺乏新意，不能很好地满足现代文创消费者的审美需求；市面上多数畲族文创产品虽然保留了畲族传统文化艺术风格，但不能再现福建畲族人民的生活方式，满足不了畲民及消费者的需求，且现代畲民被汉化越加严重，对民族传统工艺传承保护意识淡薄，创新发展工作开展艰难。

其三，产品工艺雷同。通过走访福建省宁德市、龙岩市等地方的畲族文创集市发现，当前所展售的畲族文创产品多为机器制作或批量生产的，在畲族文创产品的制作工艺上很难发现传统工艺的痕迹，缺乏传统手工艺品应有的温情。畲族文创集市多集中在畲族县或者畲族乡镇，由于地域的因素，除节假日外游客较少，文创产品销售数量有限，所以很难达到文创产品产业化；原创产品较少，和其他民族的文创产品的类型雷同，品牌意识不强；缺少优质文创产品的品牌和创意，在制作工艺、生产模式以及后续的销售等一系列环节的衔接上，还需规范化处理。利用网络营销和品牌推广也不够成熟，没能借助“互联网 +”思维用大数据去考虑畲族文创产品的整个销售流程，形成福建畲族品牌化的创意产业链。

总体而言，当下的各类福建畲族文创产品缺少文创产品应该具有的文化创意，且互动性较差、启示性较弱、趣味性较低，部分产品甚至还存有说教的意味，与消费者的预期有很大的差距。主要原因可以归结为艺术性和实用性两者之间的不协调与不匹配，两者完美结合的产品甚少，且大部分畲族文创产品同质化尤为严重，不符合当代消费者的心理需求。

（二）福建畲族文创产品开发优势

当下，在文旅新政策的驱动下，推动地域文化品牌的发展，是文化品牌成功塑造的有效途径。福建畲族村寨民族特色旅游资源丰富、民族文化积淀深厚，对福建畲族文创产品品牌的塑造和发展提供了优质的资源和动力。随着国家相关部门对畲族传统文化的重视和对外宣传与推广，畲族村寨旅游资源势必会得到开发与利用，加速畲族村寨文化产业与旅游产业的有机融合，推动畲族文创品牌的形成与发展，促使畲族文创品牌表达的内容更加全面，为畲族文化成果的转型和创新注入新的活力，文化创意产业也将产生巨大的变革，畲族文创产品开发也有了新的方向。

1. 在旅游资源方面的优势

福建畲族村寨多达 500 余个，遍布福建省各市区。其中宁德市古田县平湖镇富达村、霞浦县半月里村、霞浦县崇儒畲族乡上水村、霞浦县水门畲族乡茶岗村、霞浦县盐田畲族乡上村村、三明市永安市青水畲族乡沧海村、永安市青水畲族乡龙塘村以及福州市罗源县飞竹镇塔里洋村等畲族传统村寨入选了中国传统村落名录。畲族村寨自然风光秀美，给发展民族特色的旅游业提供了良好的客观条件。畲族居民基本上聚居在生态环境优美的山区，所以畲民也会亲切地称自己为“山哈”。畲族传统建筑所需材料来源于畲民生活的自然环境，很好地体现了畲族群众人与自然和谐共生的建筑理念。同时从畲族传统建筑的位置、设计以及构造等方面也可以看出，畲族群众希望自己的建筑与大自然融为一体，反映了人们的生活情趣与美好追求。例如，宁德地区依山傍水，这个地区的畲族借助地域优势，积极发掘当地的特色旅游资源与产业资源，通过文旅资源的开发，给畲族村寨的旅游业带来前所未有的机遇，市场前景十分广阔。

畲族村寨具有丰厚的文化遗产和独具特色的民族自然景观，尤其是畲族民俗文化旅游资源独树一帜，极具特色，开发与利用潜力巨大。例如，畲族传统服饰斑斓绚丽，纹案丰富而充满美好的寓意；畲绣制作工艺精良考究，展现了畲族人民对美好生活的追求与向往。畲歌题材广泛，歌词古朴自然，传达了畲民对民族文化与家乡的赞美之情。畲族人民保留和传承着本民族传统体育竞技活动，“打尺寸”“盘柴槌”以及“骑海马”等活动都是畲族民间流传已久的体育活动。畲族民族节日也极具代表性，农历“三月三”“封龙节”，十月祭多贝大王等都是隆重热烈而富有畲族特色的节日，在节日中游客们可以真正融入和体验畲族民俗的地域风情。

2. 在文化产业方面的优势

在国家和福建相关部门的重视与支持下，近年来福建畲族文化产业取得了长足发展。畲族特色饮食、畲族医药、畲族工艺、畲族民族服饰、畲族文化遗产创新开发等方面都有大突破。近年来，福建畲族村寨为了打造畲家特色，已经成立了多家畲族文化传承工作室和手工艺工作坊，涉及畲族传统文化行业的方方面面。

畲族特色饮食文化的开发主要以畲家风味馆、畲家酒酿、畲家土特产等形式开展。让游客可以在畲族村寨品尝到畲家独特风味的美食，感受美食背后的乡土风情与养生文化。畲族医药方面，创建畲族医药技术传承与研发工作室，运用先进技术对畲族传统医药技术进行改良，利用现代化种植方法培植所需的中草药，积极打造畲族医药知名品牌，与福建多家医药生产厂家和高校进行深度合作，产学研有机融合，共同致力于畲族医药的传承与创新。畲族工艺方面，开设多家工作坊，运用畲族传统技艺进行工艺品的制作，尤其是畲族竹编、畲族银饰、畲族织带等工艺品得到了消费者的认可与好评，供不应求。畲族民族服饰方面，畲族民族服饰作为畲族最具特色的民族符号，其色彩和纹样具有很高的辨识度。畲族民族服饰为了迎合当下畲民和消费者的需求，也在不断地创新和发展，在面料和制作工艺上进行了改良和优化，通过民族节日和畲族服饰创新设计相关赛事对畲族民族服饰文化进行了大力的宣传和推广，畲族民族服饰行业得到了长足的发展。

此外，畲族文化遗产创新开发和民俗特色产业链也已具雏形，例如，畲族小说歌、畲族民歌、畲族服饰、畲族三月三传统节日等都列为了国家级非物质文化遗产，为中华文化史留下了美丽的篇章。中华畲族宫、畲族博物馆等机构以展馆藏品为元素进行了文创产品的创新设计与开发，畲族村寨成立专门的民俗表演机构或组织，为游客演绎畲族婚嫁和篝火晚会等特色文化节目。

第三节　福建畲族文创品牌建设的战略价值

在文旅融合环境下，福建畲族文创产品面临着品牌建设与推广的挑战，畲族文创品牌建设需要融入畲族传统文化元素来取得个性化的战略定位。鉴于文创消费人群的新需求、新喜好，畲族传统文化元素在文创产品品牌建设中的创新运用与传播会带来极为重要的价值提升与意义，让消费者增加文化自信及满足文化需求的同时，促进畲族传统文化的传承与保护，同时强化消费者对福建畲族品牌的认可度，通过畲族文创产品感受畲族演变历程以及经济状况、民族风俗、审美观念等。依托畲族传统文化进行文创品牌的建设具有重要的文化价值、经济价值、生态价值。

（一）依托优势资源，彰显文化价值

畲族文创产品具有独特的民族文化内涵。畲族文创产品从“物质”方面来衡量，不只是一件工艺品，更是畲族传统文化具象化的标志性符号，无论是它的形制还是制作工艺都凝聚了畲族传统文化中造物方面的智慧和当代设计师的设计理念。运用福建畲族优质的文化资源和旅游资源，从畲族文创产品的制作材料、纹样运用、宣传推广等方面，很好地体现出畲族的地域特色和民俗风情。如依托畲族传统服饰纹样进行创新设计的畲族文创产品，图案构成多成偶数，如两只凤凰、两只喜鹊等，蕴含着畲族传统“好事成双”的思想和对幸福生活的向往以及对大自然美好事物的追求与敬畏；又如设计师在畲族文创产品上运用的龙凤刺绣图案，形象而又生动地展示了畲民对祖先崇拜的物化设计，又体现出畲族群众摆脱了封建社会的压迫和束缚之后，在

服饰图案设计上自由大胆的创新，完美演绎出畲族传统文化所蕴含的文化价值和民族精神，为畲族文创产品的发展及对外宣传拓宽了渠道，值得我们弘扬与传承。在保护与传承、开发与利用的同时，要深刻认识到畲族传统文化的当代价值，才能在畲族文创产品开发与创新工作中把握住最核心的宗旨和方向，更好地探索畲族文创品牌建设的有效形式与方法，达到畲族传统文化创新传承和生态化发展的目的。

（二）健全市场体系，深挖经济价值

实现福建畲族文创品牌建设和高质量发展，首先需要各级政府和相关部门全面支持，增强畲族文创产业的发展动力与资源支撑。从全局视角加强畲族文创品牌建设在文旅产业及乡村振兴中的地位和价值，将畲族文创品牌建设纳入畲族村寨创新发展总体战略规划，通过畲族文创品牌建设助力文化创意产业发展。其次，应明确畲族文创品牌建设在畲族村寨第三产业发展中的主导地位，通过畲族生态旅游形象的有效塑造夯实畲族文创品牌发展的基础。再次，加强畲族文创从业人员的教育和培训，让其了解畲族文创品牌建设的价值和意义，改变当前的发展理念和经营理念，形成畲族文创品牌建设的内在合力，有效增强畲族文创品牌发展的内生动力。最后，畲族文创品牌建设可以通过其独特的文化产业和旅游资源为消费者提供优质的文创产品和服务，实现乡村振兴发展中的集体创富。只有切实增加文化创意从业者以及畲民的可支配收入，才能够实现品牌化经营持续运转，不断形成对当地经济发展的推力，实现畲族文化品牌建设的经济价值。

（三）改善民生环境，打造生态价值

福建畲族文创品牌建设应以文旅产业为依托，只有文旅产业发展良好，才能为畲族文创品牌建设提供有机的生态动能。通过畲族文创品牌经营建设，实现畲族村寨自然环境、人文环境以及生产环境的有机结合，将生态文旅特征内化为畲族文创品牌的一部分，这不仅是畲族文创品牌建设的初心，也是畲族文创产品品牌化建设与经营环节中主要的价值追求与发展方向。畲族文创品牌建设过程中力求彰显畲族村寨优质的生态环境特征与极具特色的畲族风情，为消费者提供优质的畲族民俗体验与服务的同时带动消费者对畲族文创产品的消费，从而实现文旅产业与畲族文创品牌同发展的目的。在实现畲族文创品牌建设过程中，能够促使当地居民自发产生对畲族村寨人文环境的再认知，进而提高其对畲族村寨自然资源和文化资源的保护意识，增强当地居民对畲族村寨生态建设的自信心。通过畲族文创品牌建设，实现畲族文化创意产业的高质量发展与社会影响力的提升。

第四节 福建畲族文创品牌建设思路与策略

（一）整合畲族元素，实现设计创新

在畲族文创产品的创新上，设计师不仅需要掌握明确的设计信息与相关知识，而且需要通过专门构建的创新设计体系来触发意外发现。最核心的是要以福建现有的畲族旅游资源为依托，以文化产业为载体，发掘传统民族元素，激发创新潜能，打造独特文创品牌。畲族文创产品的创新设计和文创品牌的打造是实现当代旅游市场吸引游客消费的强有力的推手，畲族文创产品所呈现的设计理念和蕴含的文化寓意是打动消费者的关键。产品的创新加上品牌的塑造，可以吸引更多的游客来消费，实现福建畲族文化产业与旅游产业的共同发展与繁荣。

民族文创品牌深化了购买者对文创产品的体验，增强了文创产品的民族文化内涵。畲族文创产品要想成为文旅行业的知名品牌，首先，在元素选择方面，选取的畲族元素一定要畲族特征明显、识别度高、元素提取总结精准。其次，在设计内容方面，畲族文创产品要有畲族传统文化底蕴、文创产品种类丰富而多元化、文创产品寓意传达精准、产品形态符合当代消费者的审美，满足不同年龄和层次消费者的需求。最后，在产品营销方面，畲族文创产品具备优质的畲族传统文化内容，而且产品在造型设计上具有原创性，产品的类型涵盖了服装服饰、时尚工艺品、文具书籍等多个方面。例如，2018 年举办的第二届中国少数民族（畲族）工艺品设计大赛，涌现出众多

优质的畲族文创产品，涵盖了畲族陶艺类（图 5-1）（雷慧仙作品）、畲族银饰品类（图 5-2）（朱晓燕作品）、畲族装饰品类等五大类，种类丰富、题材广泛、制作精良，拓展了畲族文创产品的受众群体，使更多的消费者关注到畲族文创产品，从而进行消费。此外，文创产品的创新理念或者产品形态、色彩及纹样等都可能成为消费者所关注或喜欢的因素。

图5-1　金奖作品《凤之舞》

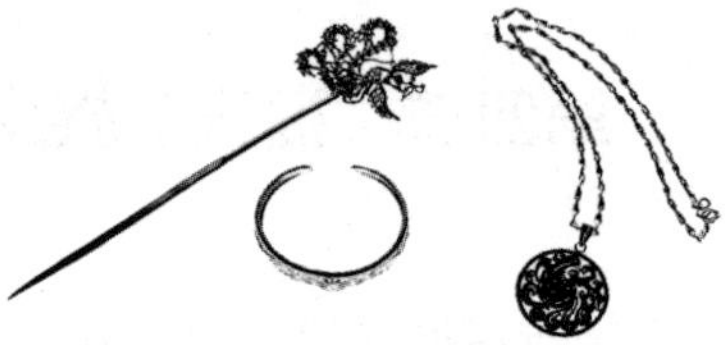

图5-2　金奖作品《纯银凤凰镂空银套件》

（二）打造畲族特色网红文创产品

在设计福建畲族文创产品时，应深度挖掘畲族传统文化特色元素。文创产品在制作工艺上要精益求精，力求打造出一款高品质、深内涵、美观实用的畲族文创品牌的爆款产品，从而促使文创产品设计理论与方法研究得到深入发展。例如，纹样向来是文创产品设计者善于运用的热点文化元素，因为纹样元素相对容易转化为图形语言，进行具象化设计。但是需要注意的是，将纹样运用到文创产品中，不是对畲族传统纹样简单的罗列、堆砌与复制。畲族传统纹样来自畲族文化的发展与演变，首先需要对所选取纹样元素的源流进行梳理分析，深入挖掘纹样背后所蕴含的畲族历史和文化艺术内涵。例如，设计师运用畲族织带元素进行鞋带和表带的设计，在纹样、色彩以及制作技艺方面都体现出畲族传统文化的特色和寓意，正如设计者所释：千百年来，畲族女子以彩带定终身大事。现如今，改革换“带”以表心意亦可行。文创产品被赋予了特定的民族符号色彩，除了能满足消费者实用性的需求外，美观性和美好寓意也得到了精准展现（图 5-3）（ZCOOL 站酷 Victord 作品）。

图5-3　畲族元素表带

此外，网红文创品牌的塑造还需要借助当下流行的自媒体平台或者畲族文化传承和传播机构、个人进行多途径推广，突出“文化+科技”的时代特色。精致的产品加上有效的宣传，会吸引大量消费者的目光。网红文创产品的打造，一方面可以对畲族村寨的旅游和文化进行宣传，另一方面，可以带动当地文化创意产业的发展，增加畲民的经济收入，改善畲族村寨的产业结构。

（三）重点推出系列畲族文创产品

文创产品“走红”会带来大量的消费者，鉴于此，可迅速推出系列化产品，满足消费市场的需求。通过畲族文创产品系列化的设计与制作，加快畲族文创品牌热度升温的速度，最短时间内促进更多文创产品和品牌得到大家的认可，畲族品牌才会越来越知名，文化创意产业才会做大做强。设计师需要通过参考材料的视觉表征及相关视觉体验来探索和获取新的设计概念。基于此，畲族文创产品系列化设计与制作时要掌握一定的方法和原则，具体可概括为以下三个方面。

第一，系列畲族文创产品所要突出的主题和内涵要统一，文创产品设计师需要从多维度、全方位剖析所选畲族元素而进行系列文创产品的设计，选用的畲族元素所传达的畲族传统文化也要达到精准化。这样设计出来的畲族文创产品才会给消费者系列化的感觉，如设计者根据畲族的凤凰图腾进行了“神鸟凤凰”系列化文创产品的设计，通过对凤凰的形态和颜色进行多样化设计与重构，展现出畲族传统文化中凤凰图腾美好的寓意和民族韵味（图 5-4）（回璇、赵勤作品）。

第二，系列文创产品最突出的特点就是产品的连续性，所以，系列畲族文创产品需要让消费者在各产品中找到彼此的关联，可以是某一元素的联系，也可以是多元素融合的产物，力求每件产品在保持系列化的相同又保持各自的特性，以此带给消费者多样化体验与感受。系列化文创产品的推出更加有利于文创品牌的形成和发展，这种“具有关联性的革新”会为畲族文创品牌的塑造带来事半功倍的效果。

第三，系列畲族文创产品进入市场，应及时收集消费者反馈的建议，对建议进行整合，及时改进，运用到系列产品的后续开发与制作。这样畲族文创产品才能塑造知名品牌，提升福建畲族文创品牌的口碑。

图5-4　畲族文化符号文创产品设计

总之，畲族文创产品蕴含着福建畲族传统文化、畲族村寨优秀的民族精神和民俗风情，是带动当地旅游业、文化产业以及创意产业生态化发展的重要部分。对于如何更好地建设福建畲族文创产品的品牌，详细梳理了福建畲族村寨的旅游资源和文化产业优势，重点剖析了福建畲族文创品牌的建设思路与策略，提出了新时代的文创产品设计理念，结合经典案例分析了畲族文创产品的设计方法和创新思路，促使福建畲族文创产品能通过旅游与文化的有机结合而得到良好的发展，积极打造福建畲族文创品牌，带动当地经济与民族文化的发展与传承，让畲族文创产品的文化与经济价值得以体现。同时，畲族文创品牌的构建和推广也是畲族传统文化当代价值的完美体现，可以吸引更多畲族传统文化群体的关注，激发他们对畲族传统文化与畲族村寨民俗风情的兴趣，更好地研究与传承畲族传统文化，最终实现福建畲族传统文化的当代价值与创新传承。

第六章　动画电影民族化视角下的畲族题材探索

中国动画电影需要重视各民族题材的开发和创新。纵观中国民族动画电影发展史，畲族题材动画电影尚未问世。畲族传统文化中蕴含着动画电影创作所需的丰富题材和元素，极具文化艺术研究价值。畲族题材动画电影的创作，不仅可以实现畲族传统文化的活态传承与生态化发展，还可以通过建立畲族动画影视发展智库，搭建畲族影视文化交流平台，实现其当代价值，丰富中国民族动画电影的题材和艺术形式，为民族题材的动画电影创作提供借鉴。

第一节　中国民族题材动画电影的发展足迹

动画电影是一门集电影学、美学、民族艺术学等多学科为一体并高度依赖技术的综合艺术。中国丰富的民族文化资源成为动画电影创作的坚强“后盾”。民族题材动画电影受到了中国动画工作者越来越多的关注。走民族化道路成为当代中国动画电影转型的关键。无论是影片的主题还是视听语言等方面都应该植根到优秀的民族传统文化中，使民族传统文化在动画电影中焕发新的活力，实现其当代价值。结合新时代民族传统文化保护与传承的需要，因地制宜、推陈出新，力克中国动画电影发展的难题，使中国民族动画电影走出中国、走向世界，成为世界动画电影发展史上的一朵奇葩。

中国动画从20世纪20年代出现第一部短片到20世纪50年代第一

个动画电影制片厂成立，30 年的发展虽然得到了国际动画界的认可，但是并没有真正地找到自我。直到 1956 年，由上海美术制片厂推出的动画片《骄傲的将军》取得了极大的成功，中国动画工作者对民族自觉意识才有了完全的认识。该片为了探索民族形式之路，在题材、角色、场景设计以及配乐等方面上都进行了精心设计与民族风格化处理，取得了成功的经验，对动画民族化方向产生了重要影响。随之，“中国的动画片”才真正诞生，可以说这是具有里程碑意义的一次转折，是中国动画走向民族化的开端。

走上民族化之路的中国动画很快发展成熟，每一部动画片都呈现出前所未有的美术设计。这得益于中国悠久的民族文化史、独具魅力的民间传说、多彩的民俗艺术以及各民族的地域风情给予动画创作者无限灵感。1958 年，上海美术制片厂拍摄完成中国第一部动画长片《一幅僮锦》，也是中国第一部少数民族题材的作品。无论从民族文化艺术角度还是视听语言方面剖析，它都称得上是一部优秀的民族题材动画。可以说，《一幅僮锦》是壮族文化艺术与动画形式完美融合的结晶，也是中华民族文化的发展与当代艺术形式相结合的成功尝试。

20 世纪 60 年代，中国动画电影终于在民族化之路的耕耘中收获了第一枚硕果，《大闹天宫》的推出引起了世界动画电影界的广泛关注与好评。例如，在角色设计过程中，设计师吸收了民间木刻、剪纸的工艺，场景设计环节参考了佛寺、道观等建筑实物和图像素材。还有民族舞蹈和配乐的运用，使整部动画片都展现出民族的韵味。之后推出的蒙古族题材的《草原英雄小姐妹》、傣族题材的《孔雀公主》以及维吾尔族题材的《阿凡提》等一系列的民族题材动画电影都充分展现了我国各民族的地域文化与风俗民情，都是中国动画电影民族化发展历程中的经典之作。

21 世纪的今天，民族题材动画电影在表现形式和内容塑造上更加丰富和完善。例如《勇闯天下》以女娲补天、黄帝战蚩尤、黄飞鸿等故事为背景，采用中国古建筑为场景设计元素，形式上具有很强的民族特征，在故事设计、角色关系等方面又天马行空，想象丰富，与之前传统的民族题材动画电影有很大不同。又如《西游记之大圣归来》《哪吒之魔童降世》等，在表现形式与技术运用方面有了创新性的突破，为中国民族题材动画电影文化的发展指明了全新的方向。

第二节　中国动画电影中民族文化的表现与启示

民族题材动画电影在民族文化元素运用等方面都具有一定的范式和要求，影片中民族文化的表现直接影响着动画电影的最终风格和质量。对当今民族题材动画电影的研究者和创作者而言，民族题材动画电影在民族文化处理等方面的成功经验具有深刻的理论研究与实践指导意义和价值。运用现代化技术进行民族传统文化的发掘与保护，是实现传统文化生态化的重要手段和必要措施。畲族传统文化作为我国民族传统文化的重要组成部分，同样面临民族文化与现代技术相融合的问题。动画形式作为传承与展示畲族传统文化的重要形式，在展示畲族文化方面具有独特价值，使观众在感受畲族传统文化的魅力时增加趣味性与互动性，提升体验感受。因此，将动画形式应用到畲族传统文化传承与体验之中，构建丰富多彩的畲族传统文化数字化资源，有利于畲族传统文化的保护和传承，对畲族民族文化的弘扬与发展具有深远的社会影响和现实意义。

（一）动画电影中民族文化的表现

我国民族动画电影作品的成功，归功于动画电影创作者对我国民族文化艺术风格进行有效的整合与创新。因此，动画电影创作者应深刻了解我国各民族传统文化所蕴含的民族哲学和艺术美学，尽可能地从我国民族传统文化中汲取“原汁原味”的可设计元素，积极打造和树立我国民族动画电影的独特艺术风格，运用民族动画电影持续加强我国民族传统文化的多样化发展和活态化传承，并结合我国民族动画电影设计理念与表现形式，创作具有我国民族文化特色的动画电影作品。民族文化在动画电影中的表现主要体现在动画电影的视听语言、题材内容以及主旨思想三个层面。

1. 动画电影的视听语言

动画电影的视听语言就是其通过观众的视觉和听觉等器官所传达的最直观的信息，比如动画电影中具有民族色彩的人物形象、参考民族建筑和生活器具设计的动画场景和道具、根据各民族的传统色彩而设定的影片基调、采集到的民族音乐运用到影片的配音以及背景音乐等。这些都属于视听语言所涵盖的范畴，它是动画电影给观众的第一印象，直观而又鲜明。例如，《阿凡提的故事》这部改编自新疆民间故事的动画电影中的人物角色设计极具民族和地域特色，动画角色设计师考虑到阿凡提的故乡在新疆地区，而且阿凡提的形象在新疆地区流传已久，具有浓厚的传奇色彩，所以他的形象特点自然也应该具有新疆的少数民族特点。为此，动画角色设计师在阿凡提这一角色形象的五官构思上进行了典型性设计。此阶段需要角色设计师对新疆少数民族人物的面貌特点进行概括与提取，并对其民族的传统文化进行深入的研究。创作者曲建方为了使阿凡提的造型符合观众心目中的角色形象，到新疆的相关博物馆和单位进行深入调研。通过研究相关资料发现，新疆地区的维吾尔族的美术字是由叶子瓣的图案组成的，鉴于此，他在设计阿凡提的眉毛时运用了美术字叶子瓣图案形式，直观地体现出维吾尔族特点。此外，在设计阿凡提的服装和头饰上也结合了当地的民族服饰特色，最后设计出阿凡提身着白袷袢，头缠“色拦”，赋予了阿凡提这个角色民族化色彩，使阿凡提的形象和肢体语言更具民族特色。从阿凡提的形象也可以深刻感受到维吾尔族劳动人民的地域风俗与民族情结，鲜明而生动的人物形象和民族特色令观众记忆深刻。阿凡提也成为民间艺术创作的典型性代表被纳入“世界民间艺术形象”之列。

2. 动画电影的题材内容

动画电影的题材内容方面可以展现民族文化中优秀的民族传说和民间文学故事等。无论民族传说还是民间文学故事都是一个民族的社会制度和风俗习惯的载体。民族文化中具有奇特想象力的传说和故事与动画奇幻性的艺术形式不谋而合，因此它们为民族动画电影的创作提供了丰富的题材。此外，各民族因地域、文化内涵以及思维方式等方面的差异，在民族文化、艺术和民俗等方面也会有很大不同，这也造就了各民族题材的动画电影在内容题材上的不同偏好。例如，动画电影《哪吒之魔童降世》作为民族题材动画电影的经典之作，能够取得成功并成为经典和它的题材密不可分。它改编自中国家喻户晓的神话故事，在尊重原著的前提下，它打破了以往传统神话题材动画电影中对角色形象典型化的设计原则和程式化的叙事手法，对影片中的角色形象与故事情节进行了创新设计与构思。一方面，影片在题材内容方面突破了传统美学的桎梏，进行了后现代美学的尝试，在传统的神话故事题材的影片中植入了符合现代观众的审美精神与价值观。另一方面，为了影片的剧情与美术风格的需要，创作团队还解构了以往观众对神话故事的刻板印象，很好地赋予了影片不同的时代特征，如影片中太乙真人、哪吒以及敖丙等神话人物都进行了重构，强化了角色的复杂性和真实性，做到了仙人“凡人化”，更加接地气，使角色与观众可以近距离“交流”，更和谐地融入观众的情感，从而达到精神共鸣。

3. 动画电影的主旨思想

动画电影的主旨思想是整部影片对民族精神文化的直接体现。相较于动画视听语言的直观性和题材的客观性而言，影片的主旨思想在传达民族文化中所蕴含的文化艺术价值和现实意义更加含蓄和深刻，是整部影片的核心。简言之，视听语言是影片的骨架，题材内容是影片的血肉，主旨思想则是影片的灵魂。影片中的人物角色、场景和道具的设计，影片的色彩、配音及音响的选择都要围绕影片的主旨思想来开展。所以说，无论是具有民族特色的可视元素，还是主旨思想所包含的民族文化的精神元素都是相辅相成、互为补充的有机整体。例如，《草原英雄小姐妹》这部民族题材动画电影是根据内蒙古包头市达尔罕茂明安联合旗两位蒙古族小姑娘龙梅和玉荣冒着风雪抢救公社羊群的真实事迹创作而成，运用动画形式真实地再现了两位小姐妹为了集体财产不受损失，顽强地与暴风雪做斗争的感人场景，从而升华了影片的主题思想。影片运用动画语言展现出龙梅和玉荣两位小姐妹在暴风雪面前的惊人毅力，英雄形象深入人心，弘扬了她们勇于担当、舍生取义、不怕牺牲的崇高精神。

（二）中国动画电影民族化的成功启示

动画电影作为重要的文化传播媒介和极具特色的艺术形式，承担着民族文化传播与传承的责任。纵观中国动画电影发展史中民族题材类型的动画电影，能够看到民族题材动画电影以艺术自觉为出发点，将动画电影形式与民族文化艺术相结合，展现民族风俗风情，传达民族精神和时代价值。民族题材动画电影的成功，很重要的因素在于民族文学、民族音乐、民间美术、传统服饰及建筑等诸多民族传统元素的合理运用，从中国众多民族传统文化中汲取了丰富的营养，从而奠定了借鉴中国民族文化与艺术的程式化与意向化的民族化风格的基础，确立了“中国学派”的整体面貌。民族题材动画电影，是在深深地扎根于民族文化的根基上成长发展起来的，因此，只有深入了解各民族文化的形式渊源和内涵，才能确保民族题材动画电影的适当表现，创作出启迪思想、温润心灵、陶冶情操的动画电影精品。

第三节　畲族传统文化在动画电影中运用的思考

畲族是我国为数不多主要分布在华东地区的游耕民族。在其上千年的成长与发展过程中，创造了绚丽多彩的民族文化，形成了独特的畲族传统文化体系，具有鲜明的地域特征和民族艺术研究价值。其中，畲族小说歌、畲族民歌、畲族服饰、畲族三月三传统节日等作为国家级非物质文化遗产，为中华文化史留下了美丽的篇章。

动画电影作为被国际经验证实最具影响力的文化和商业产品类型之一，把畲族传统文化中的符号元素植入动画电影，通过对畲族传统文化中精神元素和可视元素进行动画形式的嫁接、融合、转化、演绎，可以完美地演绎出畲族传统文化所蕴含的民族精神内涵和艺术魅力，逐步建立畲族动画影视发展智库，搭建影视文化交流平台。对于畲族传统文化题材的动画电影创作，不仅要在外在形式方面，同时也要在文化内涵方面表现畲族传统文化，才能达到形式与内涵的统一，使影片成为承载和展现畲族传统文化的有力推手。

（一）畲族传统文化精神元素在动画电影中的运用

畲族传统文化中最具代表性的民族神话当属盘瓠传说。《中国的民族识别》一书中指出，盘瓠传说贯穿于畲族传统文化的系列气质，是当年畲族识别的主要依据，其中蕴含着对华夏族的认同，展现了畲族忠勇的民族性格。无论是盘瓠为高辛帝远征立功为驸马，还是盘瓠与三公主开基凤凰山，都为畲族题材动画电影剧本创作提供了生动有趣的故事素材。通过动画电影“还原”盘瓠传说中浪漫主义色彩的爱情故事，“再现”畲族英雄主义色彩的忠勇与吃苦耐劳的民族性格，向世人更好地展现畲族这一宝贵的文化遗产，使其常青于畲族的精神家园。

此外，畲族传统文化中还有大量的民族传说和民间故事。例如，关于畲族起源带有原始图腾崇拜观念神话作品《盘古歌》《麟豹王歌》《高辛与龙王》；涉及封建王朝的兴衰和民间的灾异事变等重要题材的《末朝歌》《元朝十八帝》《灾荒歌》；以本民族的历史故事为内容编写的“小说歌”作品《钟良别》《钟景祺》《蓝佃王》；还有充满畲族女性文化色彩的《三公主》《畲家才女蓝姑子》《鲁班的传说》等都极具代表性和文化艺术研究价值，为畲族题材动画电影的创作提供了大量丰富的可加工素材。在后期制作环节中，把畲族民歌和民乐等视听元素融入影片中，使动画电影作品更为生动饱满。当畲族传统文化中的民族传说与民间故事的艺术魅力与动画电影的制作手段有机结合起来，观众就能感受到影片所带来的强大视觉冲击并引起情感共鸣。“文化自信”方针的确立使中国动画电影领域兴起了“传统文化热”，畲族题材动画电影的创作可以建立畲族传统文化自信、解决文化焦虑、迎来时代契机与突破口。

（二）畲族传统文化可视元素在动画电影中的运用

1. 畲族传统服饰

畲族传统服饰作为畲族标志性的符号，是穿在身上的文明；畲族传统服饰的图案构思，反映了畲族人民的智慧。如畲族的凤凰装、凤冠、凤凰拦腰等，无论款式、颜色还是纹样都汇聚了畲族诸多文化要素，生动形象地反映了畲族的发展历史、文化特色与经济状况，展现出了畲族传统文化的独特魅力，为中国乃至世界的服饰艺术宝库增添了多元化元素和色彩，具有极高的艺术研究价值和丰富的文化内涵。畲族传统服饰图案的基本特征、纹样的符号意义，表现出群体的公共认识，反映出畲族人民用图案和纹样展现对美好事物与美好愿望的向往，从中可以体味到畲族人民生活的自然气息与神奇力量。

畲族传统服饰上的图案构成以偶数为佳，如两只凤凰、两只喜鹊等，蕴含着中国传统“好事成双”的思想和对幸福生活的向往；尤其是畲族传统服饰上的龙凤刺绣图案，形象而又生动地展示了畲族群众对祖先崇拜的物化设计，又体现出畲族群众摆脱了封建社会的压迫和束缚后的欣喜之情。在畲族题材动画电影中，可以在角色造型环节把畲族服饰元素植入进去，通过畲族服饰元素的植入来界定动画人物的民族身份。鲜明的民族服饰能够凸显动画人物的外在形象与内在性格。设计与影片中畲族人物角色形象相匹配的畲族服饰是体现畲族传统文化最直观也最重要的途径与方法，穿在动画角色身上的畲族服饰不再只是一种服装道具，而是成为动画角色造型的装饰性民族符号和动画表演的手段。这些服饰的外在形式及其内涵都可以成为动画影片吸引观众的视觉元素与共情符号。

在畲族传统服饰中，男装的款式、颜色以及纹案较为简单；女装相较于男装而言，装饰性更强，女装的装饰图案与刺绣题材更加丰富，寓意相对来说也更加深刻。例如畲族传统服饰中的“凤凰装”，是模仿畲族的凤凰图腾而设计和制作的。凤凰装不仅色彩斑斓，而且运用了丰富的畲族传统纹样，通过刺绣的技艺呈现在衣服上，达到了形与色的完美融合。畲族妇女比较流行的头式称为凤凰头，结婚时佩戴的头冠称作“凤冠”，把具有民族特色的饰品与织物装饰在凤冠上，既美观又具畲族特色。凤凰装蕴含着丰富而又深刻的文化内涵，同时也展现出畲族人民对美好事物的向往，被誉为畲族民族文化的一朵奇葩。

2. 畲族传统民居

畲族传统建筑是畲族服饰之外的另一个重要标志。一方面，畲族传统建筑是畲族人民智慧的结晶，表达着畲族祖先们的民族历史观、文化观、价值观以及生态观，充分展现了畲族人民的精气神。另一方面，畲族传统建筑所需材料来源于他们所生活的自然环境，很好地体现了畲族群众人与自然和谐共生的建筑理念。畲族题材动画电影的场景设计环节可以根据畲族乡实地考察拍摄的照片与畲族传统建筑方面的文献资料进行研究之后进行设计与制作，使其与具有畲族特色的动画人物相融合，达到画面的和谐统一，更好地展示出畲族传统文化中人与自然和谐共生的生活理念。畲族题材动画电影场景中畲族元素的植入可以营造影片中故事发展所需的畲族情境体验的气氛，强化剧情的感染力和生命力，从而引导观众进入影片设定的幻想空间，是剧情有力的推动者和辅助者。

畲族群众自称“山哈”，把自己看作山里的客人，这和他们的居住环境有关。畲族乡和畲族村落绝大多数都处于高山深处，交通相对闭塞。所以，畲族传统建筑一般选用茅草、木料、竹子等。因为畲族聚集区多为山区，所以在选取木料时多用优质坚固耐用的木材。畲族传统标志性建筑主要有祖祠和规模较大的私宅等。建筑上的雕饰不仅做工精美，而且能够使建筑结构稳定，同时，畲族传统建筑雕饰展现出文化和艺术魅力，也成为一种畲族符号。由此可见，畲族建筑的雕饰在装饰和实用两个方面都有着重要作用。畲族工匠综合了建筑雕刻的材质、手法以及纹样等多方面的因素，创作出了呈现在大众面前的既实用又美观的雕饰精品。

畲族传统建筑之所以能成为畲族传统文化的又一特色符号，一方面，由于传统建筑是畲族人民智慧的结晶，它蕴含着畲族的历史文化的积累，通过畲族传统建筑可以折射出畲族发展历程中历史观、文化观、价值观以及生态观的演变和形成，直观地展现出畲族人民的精气神和文化底蕴。另一方面，由于畲族传统建筑所需材料来源于畲民生活的自然环境当中，很好地体现了畲族群众人与自然和谐共生的建筑理念，同时从畲族传统建筑的位置、设计以及构造等方面可以看出，畲族群众希望自己的建筑与大自然融为一体，表现了人们的生活情趣与美好追求。

3. 畲族传统工艺

畲族传统工艺在畲族人民生活的方方面面都可以体现出来。畲族传统工艺主要有刺绣、织花带、竹编以及剪纸等。畲族人穿着的民族服饰都习惯绣花，畲绣作为畲族非物质文化遗产的代表，其工艺精巧，文化与艺术价值深厚。刺绣图案多为动植物和几何纹，也有人物，色彩鲜明，对比强烈。花带用各色丝线手工编织，长宽不一，规格多样，与畲族服饰的颜色与纹案和谐统一。竹编形式多样，如斗笠、竹筐、竹编工艺品，既能满足平时生活所需，又能起到一定的装饰作用。畲族剪纸图案精致，题材多样，寓意丰富与深刻，展现出了畲族人民的智慧与对美的追求。

把畲族的传统工艺运用到畲族题材的动画电影中，可以使人物角色的肢体语言更加生动和形象，通过动画电影艺术形式来展现畲民进行刺绣、织花带等工艺流程与特色。在动画电影故事情节当中有意设计剪纸艺术创作、竹编工艺品制作等故事情节，可以让观众对畲族的传统工艺有更加直观的认识和体验。深挖畲族传统工艺中最具标示性与民族特色的艺术符号，完美地把畲族传统工艺借助动画电影艺术形式“演绎”出来。

（三）动画形式展示畲族传统文化的艺术特色

把畲族传统文化中的代表元素植入动画艺术当中，使其成为动画艺术的一种“表现性形式”，突出所植入畲族元素的民族文化价值，演绎出畲族传统文化艺术符号形式的审美价值。目前，关于畲族传统文化的动画绝大多数都是实验动画短片。笔者根据田野考查的资料进行了畲族传统文化题材的动画短片创作尝试，并对短片创作过程进行归纳与总结，对畲族民族服饰、畲族传统建筑以及畲族传统工艺元素在短片中运用手法与技巧进行了分析与探讨。

1. 动画形式对畲族民族服饰艺术特色的展示

在畲族传统文化题材动画短片中，角色造型可以塑造出个性化的人物。其中，动画人物的服饰设计是动画角色塑造的重要环节，因为特色鲜明的服饰能够凸显动画人物的外在形象与内在性格。所以在这一环节就应该把畲族民族服饰的元素植入到动画人物中，通过畲族服饰元素的植入来界定动画人物的民族身份。这样才能运用设计的畲族动画人物表演剧情所需要的情节。在角色设计中，给动画人物穿上畲族民族服饰，就能很直观地展现出整部动画短片的民族特色与风情。假设人物角色在动画短片里，没有特色鲜明的畲族服饰符号元素的运用，就很难辨别出短片想要表现的特定的民族风格。可见，民族服饰在动画人物造型和表演方面有着重要的艺术价值。

植入动画短片中的畲族民族服饰元素不只是一种服装，而是成为动画角色造型的装饰性符号和动画表演的手段。畲族民族服装的样式、色彩和纹样等都属于装饰性符号的范畴。根据人物角色的性别、年龄、身份等信息设计与之匹配的服饰款式，人物角色身上的服饰，无论是外在的样式、纹样、色彩还是内在的文化意蕴，都是人物角色在进行表演吸引观众眼球的重要元素。但是把畲族民族服饰元素植入动画片，畲族民族服饰所依附的艺术形式发生了很大变化。在动画短片中，畲族民族服饰繁复的图案和花纹被简化，通过单线平涂线条勾勒的绘制技法和色块填涂的表现形式可以更加容易地完成人物服饰的设计工作，同时符合二维动画角色设计中原画与中间画的绘制特点与工艺，动画短片整体效果更加和谐，视觉形式的冲击力也更加强烈（图 6-1）。

图6-1　畲族人物设计图

2. 动画形式对畲族传统建筑艺术特色的展示

在场景设计环节，首先要对畲族传统建筑进行深刻的理解，精确把握畲族传统建筑结构的特点，比如屋院的组成结构、高矮比例、家装特点等。笔者根据畲族乡实地考察拍摄的照片与畲族传统建筑方面的文献资料，运用三维建模技术进行动画短片中场景的设计，经过“前期畲族传统建筑相关数据采集—各部分具体数据预处理—根据三视图创建出具体模型—各部分场景模型进行组合”流程完成场景的设计工作。例如，设计与制作具有畲族特色的集市等场景模型时，参考了福建省三明市青水畲乡的同类型的传统建筑，参考图片资料解决了场景各部位尺寸与形状以及建筑材质的问题；通过场景模型的重组完成了故事情节中对集市场景多角度和逼真性的设计（图 6-2、图 6-3）。把畲族传统建筑的外型与内饰元素运用到动画场景的设计当中，能够很好地展示出畲族传统建筑的结构与纹样特色，同时使其与具有畲族特色的动画人物相融合，达到画面的和谐统一，展示出畲族传统文化中人与自然和谐共生的生活理念。

图6-2　畲族传统建筑设计图

图6-3　畲族传统建筑设计参考图

3. 动画形式对畲族传统工艺艺术特色的展示

通过动画故事的设定，把畲族传统工艺借助动画短片展现出来是最直观的一种表现形式。畲族传统工艺在畲族人民生活的方方面面都可以体现出来，例如畲绣作为畲族非物质文化遗产的代表，主要应用于畲族传统服饰中。笔者在创作畲族题材的动画短片时，专门设计与构思了畲绣工艺展示的场景，把畲绣元素植入动画短片的故事情节，通过动画表演的程式化动作生动“还原”畲绣工艺的制作流程，形象地展现出畲族的凤凰图腾纹案（图 6-4）。

民族传统文化元素的动漫衍生产品成为当今年轻的传统文化爱好人群的个性化选择与消费需求。将畲族题材动画短片中传统文化元素与传统工艺相结合，可以设计出一系列动漫衍生产品，满足畲族传统文化爱好者对产品的个性化需求。例如，把动画短片中具有代表性的动画场景运用到书签和明信片设计中，根据动画短片故事情节的不同设计出不同系列的书签与明信片，满足畲族传统文化爱好者的多样化需求；把畲族具有标示性的颜色运用到杯子设计中，畲族传统色彩的丰富性为杯子色彩元素的提取起到很大的借鉴作用。此外，还可以把动画短片中经典的纹样运用到抱枕的设计与制作中，把动画短片中的道具实物化，“还原”设计出生活用具等（图 6-5）。

图6-4　畲绣凤凰纹样设计图

图6-5　畲族工艺产品效果图

（四）畲族传统文化与动画电影结合的价值

1. 传播畲族传统文化

畲族传统文化是畲族群众智慧的结晶，是畲族的文化瑰宝。以畲族传统服饰上的纹样为例，畲族传统服饰上的纹案构成以偶数为佳，如两只凤凰、两只喜鹊等，蕴含着中国传统“好事成双”的思想和对幸福生活的向往；尤其是畲族传统服饰上的龙凤刺绣图案，形象而又生动地展示了畲族群众对祖先崇拜的物化设计，体现出畲族群众摆脱了封建社会的压迫和束缚之后，在服饰图案设计上自由大胆的创新。运用动画电影这一艺术形式进行畲族传统文化的传播与保护，有利于畲族传统文化的活态传承和生态化发展，可以很好地展现畲族传统文化新时代的人文价值，同时，为畲族传统文化的对外传播拓宽了渠道。

2. 增强畲族传统文化的归属感

民族认同是民族成员通过所属民族的重要标识或民族符号对其民族的认知选择和情感依附，并通过所属民族的标志性符号对同族成员的相似性的认知和情感接纳，形成同族的集体观念。近年来，通过国家对各民族传统文化保护工作，畲族的民族身份认同意识在一定程度上得到了加强与深化。畲族传统文化对外担负着文化交流的重任，对内承担着畲族传统文化创新性发展、凝聚族群与地方认同的使命。动画电影艺术形式作为当代传统文化传播的重要媒介，受众广泛，传播途径丰富。运用动画电影艺术形式进行畲族传统文化的展示，可以增强畲族的知名度与影响力，使动画电影成为增强畲族传统文化归属感的新媒介。

3. 保护民族文化多样性

畲族传统文化是中国民族文化重要的组成部分，也是世界民族文化之林的一员。借助动画电影艺术形式推动畲族传统文化艺术研究，是当代动画电影创作者的光荣使命和任务。畲族传统文化所蕴含的民族艺术是中国民族文化多样性和丰富性的直接表现。畲族传统文化具有鲜明的民族特色，通过动画电影这一媒介可以生动形象而又直观地感受到畲族传统文化中的文艺理论和审美意识。畲族传统文化的多样化保护与传承可以为中华民族文化统一中的丰富性带来新鲜血液，为中国民族文化的发展与繁荣作出本民族的贡献，丰富中国民族文化宝库。

总之，畲族村落的对外交流日益频繁，畲族传统文化得到了国家相关部门和社会各领域专家学者广泛的关注。挖掘和开发畲族传统资源，打造富有畲族特色的动画电影是畲族传统文化长足发展的历史性选择，畲族传统文化资源与动画电影艺术形式的有机结合值得大家关注和期待。畲族题材动画电影的创作和推出，一方面可以为民族题材动画电影的发展带来新鲜的血液和活力；另一方面，运用极具影响力的动画电影这一文化传播媒介进行畲族传统文化的宣传和弘扬，可以促进畲族传统文化生态化发展和活态化传承，从而推动畲族传统文化创意产业走上新的发展之路。

（五）畲族传统文化与动画电影结合的方向和趋势

动画的趣味性和互动性给畲族传统文化的展示带来了新的体验，动画形式用新的传播载体展现，让人们更容易去接受，更加自觉地去接纳畲族传统文化，促进畲族文化的弘扬与发展。将数字动画技术运用到畲族传统文化的展示中，是对传统传播手段的一种扩展和补充，也是发展与传承畲族传统文化的一种趋势。

1. 畲族传统文化与动画电影结合的方向

运用动画形式对畲族传统文化进行弘扬和传承，不仅可以对目前保留完整的畲族民俗文化活动进行展示与演绎，而且动画形式作为现代文化传媒的重要传播载体，相较于传统的传播手段更加生动有趣和方便快捷。此外，动画形式的运用在一定程度上符合信息化时代下大众的审美观念，满足观众对民族传统文化传承的多样化需求。动画形式作为展示民族传统文化的重要载体，可以作为畲族传统文化保护与传承的创新方式。国家广播电视总局出台的少数民族文化保护政策和动画发展的优惠政策，为畲族传统文化的发展和动画形式的有机结合提供了契机。畲族题材的动画创作理念需要汲取畲族传统文化中的营养，畲族传统文化的保护与传承需要借助动画形式进行展示与传播，两种政策双管齐下，从而达到畲族传统文化与动画作品的融合。

在畲族传统文化中，可以利用和挖掘的元素非常丰富。例如，畲族人对凤凰很是崇拜。从物质层面到精神层面，无处不在。比如畲族的服饰中有以优美的凤凰为图案的凤凰装，“凤凰”二字和“凤凰”精神，充实了畲族群众的生活和灵魂，具有千丝万缕而密不可分的关联。畲族具有丰富的民族传说和民间故事资源，比如盘瓠王和三公主、高辛与龙王等，这些都可以成为畲族动画创作的题材或元素，极具民族特色。

2. 动画形式展示畲族传统文化的趋势

随着动画技术的发展，用于展示畲族传统文化的动画形式也日趋丰富与成熟。三维动画以及 VR/AR 体验式动画等形式会成为新的方向与趋势。

（1）三维动画形式

由于表情和动作捕捉等技术与软件的开发和运用，民族题材的动画人物形象更贴近畲族居民的形象，表情会更加自然，动作会更加流畅与协调，这样就能很好地模拟畲族民众在展示畲族舞蹈和畲族工艺等方面的肢体动作，使观众对畲族传统文化有更深刻的了解；同时能很好地解决以往动画人物表情与动作僵硬，人物形象民族、年龄不明显等问题。服饰布料系统软件的出现，解决了以往民族动画片中服饰面料质感不明显，角色穿着的民族服饰尺寸与动画人物不匹配或不协调的难题。这一难题的解决，使民族题材的动画人物穿着的质感纹样更贴近真实的畲族民族服饰，为观众创造了可以欣赏具有独特魅力的畲族民族服饰的“神秘空间”，同时也为畲族民族服饰与畲族传统技艺学者与专家提供了丰富而生动的影像资料。

（2）VR/AR 体验式动画形式

随着虚拟现实内容日渐丰富，VR/AR 技术的日趋成熟，民族动画形式更加多样化，虚拟现实也将会变得更加主流。而 VR/AR 体验式民族题材动画形式未来发展趋势也备受动画业内关注，从目前来看，VR/AR 体验式民族题材动画形式呈现三大发展态势。

第一，角色体验。“体验”概念下的动画形式，以体验者的精神感受为中心，所有的感受要以人为本。VA/AR 技术与动作捕捉技术相结合，可以很好地获得真正的角色体验。动画人物的动作和服饰可以由体验者来进行操控和穿戴，从而使体验者对畲族民族服饰纹案、畲绣技艺等有深层次的了解，同时还可以结合 3D 打印技术衍生出一系列畲族特色动漫产品。

第二，声音体验。VR/AR 技术可以使动画进行全新的全向麦克风来捕捉 360° 的声音，这样就可以把为畲族民族题材的画面配的畲语和畲族民歌生动地模拟出来，以带来更加逼真的音效体验。感受畲乡声临其境的真实体验，动画虚拟的畲族语言与现实生活中的差别将会更小。同时，这种基于增强现实的“所听即所得”的动画形式，大大简化民族题材动画制作中配音和音效制作带来的工作量，降低制作成本，使动画形式成为畲族传统文化传承与发展的强劲动力。

第三，情景体验。VR/AR 可以为人们带来身临其境的真实感。“情景”要以“景”为基础，前者是后者本质精神的提炼和升华。360° 全景动画画面要比常规的动画画面更容易获得关注，所以动画形式与 VR/AR 技术相结合，在视听方面会带来全新的体验，可以“零距离”感受畲族传统民俗，体验畲族人民的特色生活。通过创作 360° 全景畲族题材动画片还可以达到宣传与弘扬畲族传统文化的效果，让更多的人关注畲族这个神秘的少数民族，从而吸引更多的人来畲族乡或者畲族村来体验真实的畲家生活，从而带动畲族乡和畲族村旅游业的发展与对外交流。在未来，大家会看到更多的 360° 全景 VR 的民族题材动画。

总之，当畲族传统文化元素植入动画艺术当中，独特的民族文化和艺术形式为动画艺术带来了新鲜的血液和活力。在畲族传统文化题材的动画创作过程当中，对畲族传统文化所蕴含的艺术内涵和审美价值进行深入的挖掘和剖析，开拓了动画创作题材和视角。吸收与融合民族传统文化中的精华元素，是我国动画艺术坚持民族化行之有效的途径和策略，使我国动画在题材和艺术形式上独树一帜，屹立于世界动画之林，同时对畲族传统文化的弘扬与传承工作起到了积极推动作用。

第七章　畲族题材实验动画创作实践

通过畲族题材实验动画创作实践，将畲族传统文化、畲族民族精神、畲族群众信仰等可视化、可创作的元素与素材有机融合到创作的畲族题材实验动画中，尝试制作出具有畲族特色的动画作品。在实验动画《初心》作品中，探索畲族题材实验动画创作与应用中的情感设计规律，实验动画《初心》制作中的可视化的设计元素、民族情感、角色表演的处理方法，提炼并归纳畲族题材动画创作的思路与方法，更好地传播和传承作品所蕴含的文化精神内涵。实验动画《畲医草药》从畲族传统文化中汲取营养，以畲族独特的文化元素为显性的形象载体，赋予了动画作品特有的畲族文化元素和畲族文化内涵，是畲族传统文化利用动画艺术形式的新尝试。实验动画《畲医草药》以畲族畲族传统文化为载体，通过研究在动画艺术创作中如何合理运用脚本故事、角色设计、场景设计、美术风格设计、声音设计等展现畲族传统文化元素，使畲族艺术风格和思想能够更好地融入作品中，成为具有民族文化与地域文化特色的动画艺术作品。将畲族丰富多彩的传统文化与动画艺术形式相结合的尝试，为畲族传统文化的创新发展与数字化传承提供了新的平台。

第一节　畲族题材实验动画《初心》的创作

民族题材动画作品作为中国动画的重要组成部分，需要以民族故事作为情感支撑进行创作，因此，民族题材动画作品应以情感设计的理念为指导。在情感感知、情感体验和情感共鸣设计思想的指导下，创作出优秀的民族故事题材的实验动画作品。畲族的发展历程中留下了许多感人的故事。畲族故事是畲族文化和畲民情感的集中体现。情感化理念设计与畲族故事题材实验动画的结合为畲族动画的发展带来新的尝试与方向。情感化理念设计可以直观地展现出动画作品所要传达的民族精神。畲族故事题材实验动画通过情感化设计的"嫁接"，能将实验动画《初心》当中的畲族故事情感表达得更加透彻，从而使作品当中无形的、非物质的畲族文化元素变得形象与鲜活，为实验动画《初心》的视觉画面带来更多的畲族情感表现空间。

实验动画《初心》通过情感表达要素的转化，透过实验动画创作的视角，将畲族故事中可用于动画创作的元素转化为畲族故事题材实验动画的情感表达素材。然后，通过对畲族故事主题实验动画的情感表达元素的改造，提炼作品主题的情感表现方法和实验动画设计元素，归纳出实验动画《初心》设计的情感要素分别是动画视听语言、动画剧情编排以及动画创作主题。运用动画设计的情感设计三级理论，对这三种情感元素进行转换与映射。以情感理论为基础，分析畲族故事与情感化理念相结合的思路和方法，拓展畲族文化传播的理论策略与途径。

（一）实验动画《初心》的创作理念

实验动画《初心》的创作基于畲族故事情感概念，其主要理论和设计理念是"基于情感概念的畲族故事题材实验动画的创意"。作品中的民族情感与感情共鸣主要通过"畲族故事主题实验动画设计的情感元素"和"情感设计理念中畲族故事主题实验动画设计中的情感元素映射"等模型来实现。因此，在创作实验动画《初心》的过程中，可以以情感理论与设计理念作指导，结合实验动画《初心》中畲族故事内容和畲族传统文化，利用"畲族故事主题动画设计情感的三个要素"，对实验动画《初心》作品中运用或再设计的畲族相关设计内容进行归纳与整合，提取出作品中可以利用的畲族文化设计元素（表 7-1）。

表7-1　实验动画《初心》作品中的畲族文化设计元素

设计思路	设计情感三要素	畲族文化相关设计元素
以情感共鸣为方向的设计思路	动画创作主题	1. 畲族的民族精神、民族文化、民族习俗、价值观； 2. 动画故事剧本：畲族故事《初心》剧情设计
以情感体验为方向的设计思路	动画剧情编排	1. 动画情节设计：大学生返乡创业、种植经济作物甘蔗、网络直播销售蔗糖等畲族农副产品； 2. 角色情感设计：女主角的家国情怀、服务基层、发展家乡的情感
以情感感知为方向的设计思路	动画视听语言	1. 动画角色、场景及道具色彩设计：畲族传统色彩文化（尚黑尚蓝）； 2. 动画角色造型设计：畲民五官特点与样貌、畲族传统服饰造型、民族服饰代表性配饰等； 3. 动画场景造型设计：木质结构建筑、甘蔗地、梯田、深山绿林； 4. 动画音效设计：畲族特有的歌圩文化、畲族代表性乐器

（二）实验动画《初心》的创作思路

动画作品的创作具有一定的流程与范式。实验动画《初心》基于情感化理念进行创作，所以在创作过程中各环节都要体现出作品的情感导向与创作价值，通过情感共鸣、情感体验以及情感感知三种方向进行创作与设计，并在作品的各环节植入与主题相匹配的畲族文化元素与民族情感，从而体现出作品的民族特征与特色。

1. 以情感共鸣为方向的设计思路

实验动画《初心》的情感共鸣主要体现在动画创作的主题与故事题材的选取方面。作品的创作灵感来源于畲族民间的真实事件，主要讲述一位大学毕业的畲族女孩，在外面工作了好多年，一次回乡发现自己的家乡十分落后，还有孩子不去上学，只想外出打工。为了改变这一现状，她决定辞去城里的工作，返乡帮助自己的家乡发展，从最开始大家对她的不信任到她慢慢通过自己的努力，逐渐取得大家的信任和大家一起成长，帮助家乡逐渐变好。这不仅表现出大家对畲族女孩的信任，还表现出大家对美好生活的向往，希望用自身力量来改变自己的生活环境。根据史料研究发现，畲族女性文化具有极强的独特性，畲族女性之所以会受到崇拜与畲族女性的地位和畲族凤凰图腾传说有着密切的关系。畲族一批批女干部、医务人员和专业技术人员的出现，她们在畲族的事业发展领域崭露头角，走向新时代、新岗位，都在自己的岗位上闪闪发光，取得了令人瞩目的成就。

实验动画《初心》中出现大量的畲族建筑和畲族服饰，并且结合畲族特色的古典音乐，使整个故事都沉浸于畲族独特的民俗氛围当中，通过该影片可以感受到勤劳勇敢、善良朴实的畲族女性的独特魅力。影片运用二维动画的艺术形式来呈现，通过畲族传统服饰、传统建筑以及传统工艺等来展现畲族的风俗人情和精神面貌。

2. 以情感体验为方向的设计思路

实验动画《初心》的情感体验主要体现在作品中动画人物情感设计等方面。实验动画《初心》中的女主角作为畲族的一员，为了家乡的发展，选择放弃城市的高薪工作，毅然决然地返乡创业，造福家乡是该动画作品剧情发展的重要线索。近年来，大学生返乡创业，扎根基层是当代大学生的使命与责任。乡情是人类精神方面的重要需要，在动画剧本创作中也是最不容忽视的主题。实验动画《初心》作为一部具有畲族女性精神的动画短片，通过女主角如何带领村民脱贫致富的励志故事为主题，以二维动画艺术形式表现剧情的发展与情感的表达。从前期的动画剧本创作、动画文字分镜脚本、原画设计、角色设计、场景设计、动作设计、分镜设计，到中期的中间画、扫描、动画角色和场景上色、后期特效、动作调整，后期的合成、配音及特效等进行设计与创作。最终呈现出表达畲族女性精神的动画作品，生动形象地表现出女主角的家国情怀和当代大学生的精神面貌，通过自己的付出与努力带领畲族群众发家致富，实现共同富裕。

3. 以情感感知为方向的设计思路

以情感感知为方向的设计思路主要体现在动画色彩设计、动画角色造型设计、动画场景设计、动画视效和音效设计以及动画镜头语言设计五个方面。

（1）以情感感知为方向的动画色彩设计

实验动画《初心》的色彩设计具有浓厚的畲族情感与韵味。在动画视觉形式中，色彩本身就具有强烈的情感属性。吉姆·麦克斯韦尔曾经说过："色彩科学本质上必须被看作是一门精神科学。"而现代美国视觉艺术心理学家布鲁墨也认为："色彩唤起了各种情绪，表达了情感，甚至影响了我们正常的心理感受。"因此，观众对动画作品色彩的认知与感觉具有本能的、主观的思维认识。畲族独特的民族色彩是畲族身份的象征和标志，这也表明民族色彩在动画作品中的情感表达可以唤醒观众的情感。在实验动画《初心》这部畲族故事题材的作品中，畲族色彩主要用于人物角色服饰设计、场景以及道具等物体。

实验动画《初心》的主旨思想是表现畲族妇女的勤劳致富精神和热爱家乡的民族情怀。为了更好地展示畲族的民族文化风情，创作团队走访了福建省福安市坂中畲族乡后门坪村，通过田野考察和访谈，了解影片中女主角原型人物的事迹和人生轨迹，并对当地畲族传统服饰、传统建筑、传统工艺等资料进行收集和分析。

在实验动画《初心》的人物角色服饰色彩设计方面，通过前期的考察发现，畲族传统服饰颜色主要以蓝色和黑色为基调。实验动画《初心》角色的日常服饰色彩搭配参照了现实生活中畲族服饰的色彩搭配。畲族女性的服饰颜色在主色之外又搭配畲族刺绣的传统纹样或以畲族另一代表性非物质文化遗产彩带进行点缀，蓝黑为主、其他颜色作为点缀这一独具特色的服饰配色特点彰显出畲族女性的端庄得体、朴素大方的性格和精神面貌（图 7-1）。畲族男性服饰同样以黑色为主色，蓝色为辅色，上衣服饰通常为对襟，下身着单色裤子（图 7-2）。

图7-1 《初心》女主角服饰色彩搭配　图7-2 《初心》爷爷服饰色彩搭配

在畲族传统服饰中，男性服饰上的纹样与颜色比较简单，女性服饰比男性服饰更有装饰性。如凤凰装服饰作为畲族女性代表性传统服饰，依托畲族图腾凤凰形象设计而成，服饰的结构与纹样相较于日常服饰结构和纹样更繁复与丰富。凤凰装服饰中的凤凰形象主要通过服饰的造型、色彩及纹样来“还原”。凤凰装造型优美、色彩斑斓、畲绣纹样生动，达到了造型、色彩及纹样的和谐统一，展示出畲族女性的动态美与灵动美（图 7-3）。

图7-3 《初心》女性角色凤凰装色彩搭配

在实验动画《初心》中场景与道具色彩设计方面，主要根据实地考察收集到的畲族建筑图片来进行设计与制作。畲族人自称“山哈”，意为居住在山里的客人，其居住环境本身就有一定的独特性与代表性。畲族的建筑多数是草房和木质结构的泥墙瓦房，用黄土做砖砌墙。因为四处都是山和梯田，建筑大多数都建在山坡上面。畲族传统建筑的结构、色彩与设计理念，不仅体现了人与自然和谐共生的生活理念，而且每个场景都富有畲族的文化底蕴和特色。

甘蔗田是实验动画《初心》的代表性场景。女主角带领畲族群众发家致富的经济作物是甘蔗。甘蔗地的色彩以紫色为主，代表着畲族群众对美好生活的向往和畲族女性不服输的“英雄气概”。所以在实验动画《初心》中，甘蔗地作为场景元素，甘蔗本身的紫色就呈现在场景中，通过强烈的色调渲染，使作品的画面在视觉上更具色彩感染力，从而达到故事氛围的塑造与呈现（图 7-4）。

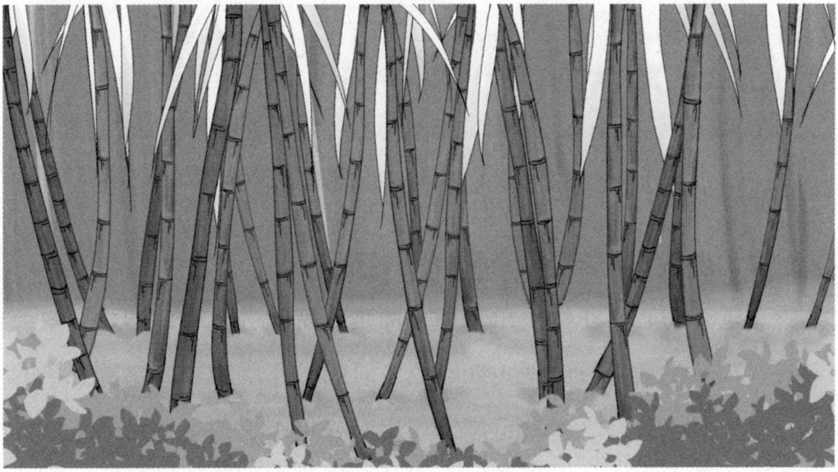

图7-4　《初心》甘蔗地场景设计

梯田也是畲族具有代表性的自然景观，整齐有序的梯田沿山形分布，像一条条绿色的丝带蜿蜒穿过群山。实验动画《初心》梯田场景的色调设计以绿色为主，绿色代表着生命与生气。通过梯田这一场景来展现畲族村寨的生态环境，畲族群众的人与自然和谐共生的生活价值理念。与动画创作理念相吻合的动画色彩设计离不开动画师对特定自然形态的理解与提炼，通过场景的色彩让观众感受到畲族最具生命力的视觉符号（图 7-5）。色彩被赋予到各种民族民间艺术形式中，如畲族的刺绣、色带，而这些民族色彩与艺术形式的组合使色彩的感觉成为最令人印象深刻的民族视觉审美本源。

图7-5 《初心》梯田场景设计

（2）以情感感知为方向的动画角色造型设计

实验动画《初心》在女主角造型方面是分阶段进行设计的，主要通过不同服饰与发饰等元素进行体现，如刚返乡时的工作服饰彰显出女主角的干练与成熟，穿着畲族日常服饰的造型体现出女主角不忘初心、脚踏实地的精神面貌，为农产品销售进行网络营销时穿的畲族代表性服饰凤凰装造型展现了畲族女性的服饰美与传统文化的魅力。凤凰装服饰设计中的凤凰图腾，其文化内涵丰富而深厚，表达了畲族群众对美好事物的渴望。凤凰装被称为穿在身上的文化符号，凤凰装的外形与配饰的形状和图案具有强烈的民族风格和地域色彩（图 7-6）。

图7-6　《初心》女主角造型设计

在实验动画《初心》中，配角角色服装设计的整体色调沿袭了畲族服装中的蓝黑色调，颜色、明度和纯度根据画面需要合理调整，沿袭短领上衣穿宽裤的畲族传统服饰风格，并直接利用畲族服饰图案的传统花纹丝带，从服饰花纹的文化意义上体现人物设计的民族性（图 7-7）。

图7-7　《初心》配角造型设计

（3）以情感感知为方向的动画场景设计

动画场景设计以情感感知为方向，在设计环节注重展示实验动画《初心》所要传达的情感需求与精神寄托，从而促进故事情节的发展，发挥动画场景表达情感的作用。此外，动画场景的设计也影响着观众，观众在观看动画的过程中，精良的视觉效果和动画场景传递出更细腻的思想情感，从而使观众可以感受到不同人物形象的情感。畲族村寨大多位于山区，交通相对封闭，因此，畲族传统建筑的建造风格与建造理念折射出畲族群众的生活方式与生存理念。由于畲族村寨地势不平，所以在建造建筑的框架结构时会选用优质坚固且耐用的木材，配以精美的木雕技艺，创造出既实用又美观的传统建筑。实验动画《初心》的场景设计很好地展现出畲族传统建筑的形式美与寓意美，通过场景设计给观众带来畲族传统建筑的视觉美感与视觉享受。

通过对畲族村寨的实地考察发现，在畲族地域风貌景观中，梯田随处可见，具有极强的意境美，成为畲族村寨一道靓丽的风景线。梯田体现出畲族村寨所处的地域特色与自然景色。通过梯田场景的设计与运用，可以很好地表现出畲族的稻作文化与游耕民族的民俗风情和生活习惯。梯田色调设计展现梯田的生机与景象，生动而又形象地赋予了畲族梯田动态结构的曲线美，很好地表达了畲族村寨自然风光的意境美（图 7-8）。

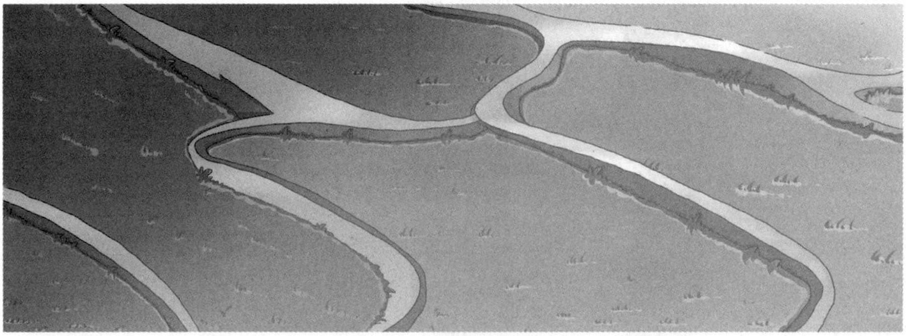

图7-8　梯田近景设计

（4）以情感感知为方向的动画视效、音效设计

动画作品的的画面效果、配音配乐都是动画故事中情感表达与展现的重要元素与手段。实验动画《初心》为了达到音画同质、协调统一的效果，在作品的视觉效果设计方面主要从角色、场景、道具的造型、色彩以及畲族纹样元素的植入等环节进行构思与设计，音效设计方面通过考察整理资料，整理出符合动画作品的畲族民歌与畲族音乐等声音元素。畲族音乐淳朴、自然、真切，而且乡土气息特别浓郁，使作品中的配乐不仅与剧情发展和故事环境的描写相匹配，视效与音效的和谐更为作品情节的发展和故事的讲述渲染了气氛，从视觉与听觉上给观众带来美的享受和沉浸式体验。

动画作品中各角色运动规律所带来的交互式的视觉效果，形成了作品画面的节奏和韵律。动画作品中的色彩和音效很容易被观众在视觉和听觉感官上进行“结合”，使观众在观看作品时在其内心形成强烈的情感共鸣。总之，动画作品的视效与音效有机融合，在视觉和听觉的共同作用下调动观众本能的共情意识与情感。实验动画《初心》中极具畲族传统文化特色的角色造型设计，传统的配色运用，标志性的畲族传统音乐以及随着剧情节奏发展而变化的音效，为观众对画面信息的解读和理解带来便利，从而使观众产生情感共鸣。

（5）以情感感知为方向的动画镜头语言设计

镜头语言是动画作品最有效的情感表达方式之一。为了呈现出实验动画《初心》的叙事需求和细腻的情感表达，在设计实验动画《初心》的镜头语言时必须遵循镜头语言设计的规律和原则。该动画作品的镜头语言设计主要体现在运用镜头叙述畲族女性返乡创业的故事，用甘蔗地这一景物营造气氛，通过艺术手法处理的矛盾和冲突剧情以及畲族独特的造型与色彩等方式来实现。例如，在实验动画《初心》的镜头语言设计中，采用不同的景别进行动画角色的情感表达与交流。景别作为镜头语言情感表达的重要表现手段，不同的景别所表现的情感各不相同，给观众带来不同的内心感受与情感共鸣。如刻画从室内眺望畲族山林时采用近景与远景相结合的表现形式，生

动地交代了畲族村寨所处的地域环境，使观众产生一种身临其境、沉浸体验的感觉（图 7-9）。作品最后一个镜头采用近景表现女主角通过网络直播的方式销售出了蔗糖等农副产品后一个人来到山上眺望远方，表现出女主角对未来美好生活的憧憬与向往（图 7-10）。

图7-9　畲族室内、山林镜头设计

图7-10　女主角眺望远方镜头设计

（三）实验动画《初心》的创作价值

首先，实验动画《初心》以情感化理念为指导，从畲族女性精神出发，通过动画艺术形式歌颂畲族女性的勤劳、勇敢与善良，为了家乡的发展舍弃城市舒适的生活与工作，返乡创业，造福百姓。希望通过实验动画《初心》鼓励更多有知识、有能力、有担当的大学生投入家乡的基层建设与发展当中，为家乡的创新发展添砖加瓦。作品中的“甘蔗地”作为情感传递的媒介，不仅是女主角返乡创业的“试验品”，也是改变畲族村寨经济现状的“法宝”。通过甘蔗的种植，增加了畲族群众的经济收入，改善了生活，实现了小康。

其次，实验动画《初心》为畲族传统文化的数字化保护与活态化传承提供了新的途径。通过动画艺术形式展示畲族传统文化的魅力，让观众在欣赏作品的同时了解畲族的民俗风情与地域特色。作品中角色的服饰设计体现了畲族传统服饰的创新发展与当代价值。服饰上的纹样与彩带饱含了畲族群众对美好生活的向往和民族文化自信与认同。作品中的场景设计展现了畲族传统建筑中人与自然和谐共生的生存理念与价值观念。作品使观众对畲族民俗风情有更深层次的了解，在后期设计与制作环节，动画作品的背景音乐选取利用了畲族的民歌与音效，使观众更深入地感受到畲族浓厚的民族气氛。

最后，实验动画《初心》为民族动画的创新发展提供了理论借鉴和实践参考。民族动画与民族文化相辅相成，共荣共生。民族文化为民族动画创作提供丰富的素材和元素。畲族题材实验动画的创作丰富了民族动画的题材与形式，拓宽了民族动画的发展路径，使民族动画更加坚定地屹立于世界动画之林。民族动画为民族文化传承带来新的方式与途径，数字化技术的运用加速了民族文化数字化的速度与进程，使民族传统文化的多途径传播与世界影响力的提升成为可能。此外，畲族题材动画的创作加速了畲族文化创意产业的发展，动画衍生产品丰富了畲族文创产品的种类，为畲族传统文化的创新发展指引方向。

综上所述，实验动画《初心》从情感共鸣、情感体验和情感感知三个层面尝试了优化民族动画情节要素的设计与创作；运用情感设计的实验动画思想总结了畲族女性精神、当代大学生家国情怀的主题。最后，在分析实验动画《初心》的基础上，探索和提炼出民族故事的情感类型可以运用的艺术元素和主题的表达形式。通过运用动画艺术思维和数字技术来表现畲族故事题材的情节与情感，同时融入情感设计的哲学和技术，展现了畲族独具魅力的传统文化、地域风情与民族精神。

第二节 畲族题材实验动画《畲医草药》的创作

中国作为统一的多民族国家，丰富多彩的各民族传统文化构成了中国民族文化体系。各民族传统文化反映了各民族的发展历程和民族地域特色。民族题材动画的创作，要深入挖掘和利用中国各民族传统文化元素，从中汲取养分，寻找创作灵感。畲族传统文化作为中国民族文化体系中不可或缺的重要组成部分，其独特的民族文化所蕴含的深厚文化底蕴，为中国民族文化增添了灿烂元素和魅力篇章。其中，最具代表性的畲族民间故事、畲族传统民居建筑、畲族传统服饰以及畲族传统工艺等文化遗产，为实验动画《畲医草药》的创作提供了可视化参考素材和创作保障。在实验动画《畲医草药》

中，通过其中展现的畲族特有的文化元素作为显性的形象载体，生动而形象地传达了畲族传统文化中所隐含的民俗风情和精神信仰，诠释了畲族传统文化的深层次内涵。同时，民族文化题材的动画艺术形式也为畲族传统文化的传承和发展提供了新的载体。

实验动画《畲医草药》很好地将畲族题材动画艺术形式与畲族传统文化中的艺术价值、时代精神相结合，把畲族传统文化中的经典民间故事和可视化元素合理“嫁接”到实验动画《畲医草药》中前期的剧本创作、美术风格设定，中期的角色设计、场景设计以及后期的音效与配音设计等各个环节，为实验动画《畲医草药》的风格设定带来新的创意与尝试。将畲族传统文化元素植入到实验动画《畲医草药》创作当中，运用现代数字动画语言进行畲族传统文化的二次加工与诠释，具象地体现了畲族传统文化的当代价值，也为传统文化提供了数字化展示舞台。

实验动画《畲医草药》以畲族非物质文化遗产中的畲药作为创作元素。畲药，主要分布于浙江省景宁畲族自治县及福建、江西等东部沿海省份的畲族山区。畲族没有本民族语言文字，通用汉字。畲族的传统医术多为口口相传；药方以单脉传承，传男不传女（传儿媳，不传女儿），不外传姓徒弟为特色。因其药材多为青色草药，所以畲药也被称为“青草药”。畲族医生大多采用自采的青草药治病，或配合针灸、刮痧等疗法。畲族医药通过不断地创新发展与传承，成为具有畲族特色的非物质文化遗产。随着畲族村寨的发展与对外开放日益频繁，环境污染、滥用农药等一系列对自然破坏的行为都有可能影响畲族青草药材的药性。希望通过实验动画《畲医草药》的创作呼吁大家保护中草药的生长环境，倡导大家重视环境问题。

（一）实验动画《畲医草药》创作前期

实验动画《畲医草药》创作采用了文献调查、实地考察、比较分析和探索性研究等研究方法。通过相关文献了解与畲药相关的民间故事、畲药的发展历史，以及目前存在的主要问题等，梳理出相关知识谱系，使其成为实验动画《畲医草药》创作的理论基础，找到剧本创作的切入点与故事脉络。通过对畲族村寨的实地考察，“零距离”了解畲族群众的生活习惯、当地的民俗风情、畲族传统服饰、传统建筑以及传统工艺等，深入研究畲族传统文化的“精神面貌”。对采集到的畲族传统文化素材进行归类与分析，整理出实验动画《畲医草药》不同阶段所需的资料。通过实验动画《畲医草药》创作经验，对畲族传统文化的动画创作策略和方法进行实证研究。

1. 动画剧本创作

一部动画作品能否给观众留下深刻印象，很大程度上取决于题材是否具有强大的吸引力。实验动画《畲医草药》的故事来源于环境污染导致畲药原材料青草药生产减少的现状问题思考。剧本以畲族非物质文化遗产畲药面临的困境为隐喻线索。故事主角雷医生作为畲医的传承者，其治病主要靠畲族传统药材，每天雷大夫提着竹筐到青山绿水去采药。以他的经验和草药，雷医生治愈了许多人的病。然而，随着时间的流逝和人类对大自然的污染，雷医生诊所的草药越来越少。他上山采药，可采集到的药材都被环境污染了。雷医生面临着没有药材救人的窘境。畲医生因环境破坏导致草药产量减少而被迫关门。畲族群众意识到了问题的严重性，通过实施各种措施拯救环境，最终在环境好转时雷医生重新开业。将故事与文化串联起来，唱响保护环境的主旋律，生动形象地诠释“绿水青山就是金山银山”的精神内涵。

2. 动画艺术风格设定

实验动画《畲医草药》创作前期进行了艺术风格的设定，通过艺术风格来尝试符合实验动画《畲医草药》的艺术表现形式。动画作品的艺术风格是由创作内容与艺术形式等因素决定的，艺术风格能够体现动画作品的思想倾向和视觉艺术特征。创作出的动画作品要想吸引观众的眼球，得到观众的认可并产生共鸣，除了要处理好该作品的故事题材、剧本创作等因素，还需要营造出符合题材和故事的艺术风格。实验动画《畲医草药》的艺术风格主要涉及影调风格、造型风格、色彩风格等。实验动画《畲医草药》是一部具有畲族传统文化特色的三维动画作品，角色的形象与服饰设计参考了畲民的精神面貌与传统服饰样式，场景设计参照福建畲族村落中的传统民居建筑，造型与材质尽可能还原畲族传统建筑的韵味。后期音乐与音效根据剧情的需要设计与之相吻合的畲族“声音”，从而达到“情景交融”的体验效果，带动观众内心活动、调节画面气氛（图 7-11、图 7-12）。

图7-11 《畲医草药》角色风格设计

图7-12 《畲医草药》场景风格设计

3. 动画分镜脚本绘制

动画分镜绘制的完整性很重要，主要体现在根据剧本设计合适的画面、捕捉动画作品的节奏和风格等方面。动画分镜是前期创作过程中必不可少的环节。实验动画《畲医草药》剧本完成后，动画分镜主要在 Photoshop 软件上绘制，共计 128 个镜头。构图、镜头移动、人物表情和动作序列都在这个阶段得到充分表现，最大限度地发挥动画效果，为后续动画创作作准备。分镜脚本可以直接进行视觉沟通，直观的分镜头能够减少文字理解的误差，能够有效控制成本和提高效率。

（二）实验动画《畲医草药》创作中期

1. 动画角色设计

（1）角色形象设计

中国民族题材动画作品应有中国民族文化特征。通过对福建畲族村寨的实地考察和观看具有代表性的畲族相关电影或纪录片，把畲族传统服饰相关资料进行收集与归类。把收集的畲族传统服饰素材作为实验动画《畲医草药》角色服饰造型的重要参考，通过角色造型体现角色的性格与文化背景。角色形象设计以写实风格为主要特征，对角色的服饰与局部进行适当的夸张，达到动画的艺术效果。此外，实验动画《畲医草药》中的角色还参考了皮克斯的夸张角色造型风格，并且以不丢失角色民族特征为前提进行动漫化处理。角色的性格通过色彩和角色造型设计搭配得以呈现。在角色的基本形象确定之后，根据角色的性格特征选用与之匹配的色彩，对角色线稿进行着色，角色形象才能更好地体现畲族风格（图 7-13）。

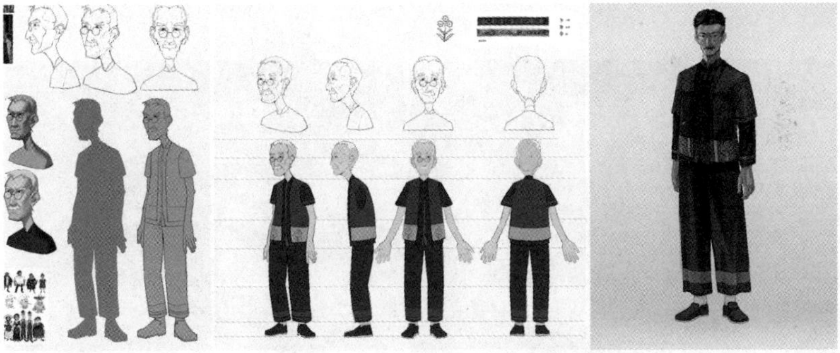

图7-13　《畲医草药》男主角色设计

（2）角色模型设计

角色模型对三维动画作品而言尤为重要。在制作角色模型的过程中不仅要还原原画，还要符合现实逻辑，不能让人物的结构与真人比例过分失调，并且要从多个角度观察，尽量做到 360° 都要协调。角色模型后期需要绑定骨骼进行动作设计，因此角色模型的布线在制作过程中也要多加注意。首先，模型不能出现五边面，尽量全都是四边面。其次，角色布线要根据角色的结构设计，尤其是关节处的布线要格外谨慎，保证角色动作时身体模型不会过分拉伸，尽量做到型准线优。最后，要保证面数均匀，这会让 UV 的利用率达到最大，贴图不会有特别明显的扭曲。

实验动画《畲医草药》中角色模型制作的难点在于服饰模型的设计与制作。服饰模型要以原画为基础，以畲族服饰图片资料为参考，使用 ZBrush 软件进行前期的服饰模型绘制，将服饰模型制作到中高模再在 Maya 软件进行重新拓扑布线，把服饰模型改成布线合理可以加细分的中低模，在模型完成后再把服饰模型的 UV 展开打直，再转入 ZBrush 软件中进行雕刻。最后，将人体模型、服饰模型以及道具模型等进行提升。在角色模型制作完成后，使用 ZBrush 软件把高模的细节投射到低模上，到此角色白模的工作完成，再使用 ZBrush 软件的中高低模导出模型的法线。将以上数据导入 SubstancePainter 进行模型的贴图，这样角色模型便被赋予了畲族文化元素与特征（图 7-14）。

图7-14 《畲医草药》角色模型设计

（3）角色贴图与纹理

角色模型的贴图与纹理是角色“活”起来的关键步骤。进行贴图与纹理绘制时，通常依照原画颜色相同的材料进行这项工作。在制作纹理的时候，要考虑什么颜色适合什么环境。每个物体都是有体积和质感的，角色身上的服饰也是如此。不同角色的服饰的材质、颜色以及纹案存在很大的差异，都会有或多或少的特殊细节需要注意和处理，通过赋予它们纹理、粗糙度和光滑度来区分，如角色老畲医脸上的红晕、身上的斑点和皱纹等细节的处理，会让角色模型更加逼真（图 7-15、图 7-16）。

图7-15 《畲医草药》女主角面部特写

图7-16 《畲医草药》人物服饰花纹特写

（4）角色骨骼绑定

骨骼绑定是让角色模型动起来的前提与关键。前期角色建模完后就要进行角色骨骼绑定工作。利用 Maya 软件进行骨骼绑定，绘制角色身体各结构的蒙皮，才能使角色模型后续的动作更加流畅，更好地进行动作设计。良好的骨骼绑定是动作设计的良好开端，合适的蒙皮使模型动作更加流畅，所以精致的角色模型和骨骼绑定相结合才能形成一个好的系统人物角色（图 7-17、图 7-18）。

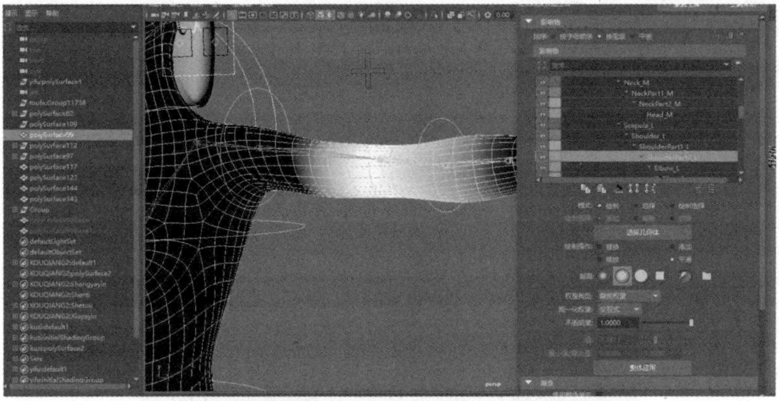

图7-17 《畲医草药》人物手臂权重绘制

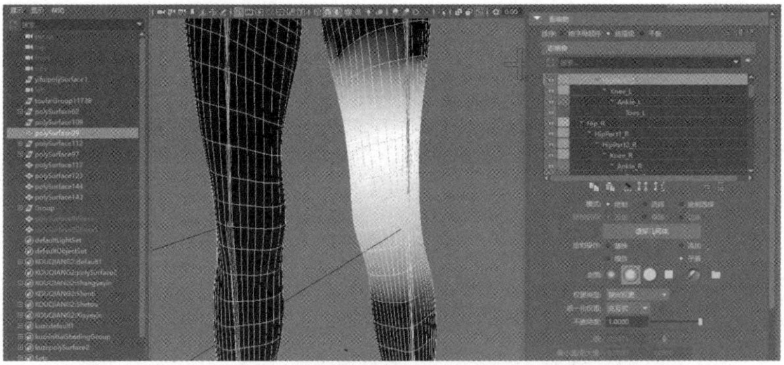

图7-18 《畲医草药》人物腿部权重绘制

偏写实风格的角色绑定要以真实动作为基础，因为在现实生活中随处可以看到类似的肢体语言。观众潜移默化中对人物角色的运动有了概念化标准，所以，在人体绑定过程中需要考虑到角色每一个位置的肌肉牵拉与联动效果，使其更加符合真人的运动规律（图 7-19）。

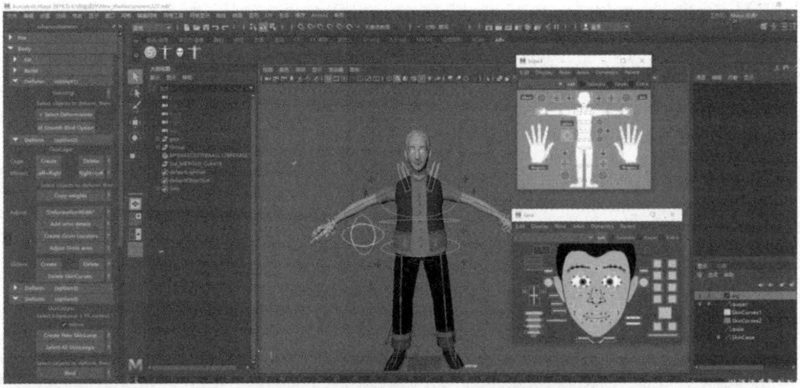

图7-19　《畲医草药》男主骨骼绑定

（5）角色动作设计

动作设计是动画创作中期工作的重点，也是工作量最大的一个环节，它直接影响了动画作品给人的视觉感受。在动作设计中更要注意的是怎么让角色的动作更适合剧中角色的性格，更能体现角色的特征。像作品中的老畲医和小女孩，在进行他们的动作设计时，要考虑老年人与儿童在现实生活中的肢体语言存在很大的差异，所以不能把两个人在动作形态做成一样或者类似。总的来说，要讲究合理性、艺术性、真实性，才能突出角色的主要特征。在进行动作设计之前要对设计好的动画分镜“了如指掌”。一些比较难、比较复杂的动作需要进行真人表演，对关键动作逐帧拍摄，这样设计的角色动作才会生动流畅，让观众印象深刻，拉近角色与观众的距离。

2. 动画场景建模

（1）场景设计理念

实验动画《畲医草药》场景设计之前，创作团队对福建畲族村落进行了实地考察，收集了大量的建筑资料。一方面，畲族传统建筑是畲族群众智慧的结晶，也是畲族历史文化理念的体现。文化的积淀表达了畲族先民的历史、文化、价值观和生态观，充分展现了畲族的文化精髓。另一方面，畲族传统建筑所需的材料来自其生活的自然环境，很好地体现了畲族群众与自然和谐共生的建筑理念。实验动画《畲医草药》的场景设计根据畲族村落实地考察的照片和畲族传统建筑的文献资料（图 7-20、图 7-21），与具有畲族特色的动画人物相结合，实现了画面中“人与物”的和谐统一，更好地体现了畲族传统文化中人与自然和谐相处的理念。在实验动画《畲医草药》的场景设计中植入畲族传统建筑元素，可以营造作品中故事发展所需要的情境体验的氛围，更加真实地增强情节的感染力和生命力，从而引导观众进入作品设定的幻想空间，成为剧情的有力推动者和辅助者。

图7-20　畲族传统民居建筑（室外）

图7-21　畲族传统民居建筑（室内）

（2）场景模型设计

动画的场景设计是除了角色之外的所有物体的造型设计。它可以传达故事的时间、地点及相关的信息，说明故事的背景，达到渲染气氛和艺术氛围的效果，成为影响故事情节的重要因素。这就是主画面的重要作用。实验动画《畲医草药》场景设计主要通过三维动画建模技术进行制作和效果的实现，整个流程包括：场景搭建（以畲族传统建筑3D模型为背景）、色彩（古典风格）、材质质感（外景拍摄）并运用不同的灯光来调整场景整体的环境。在《畲医草药》中故事场景设计符合需要所在的时间与空间，以确保动画作品的最终效果是连贯的、相互融合的、生动美观的，运用Unreal Engine 4进行实时渲染，在Unreal Engine 4中调节场景气氛使场景更加富有艺术性（图7-22）。

图7-22 《畲医草药》场景模型设计

（3）场景模型渲染

实验动画《畲医草药》场景模型渲染环节主要利用了Unreal Engine 4软件。它拥有扫描模型级别呈现真实世界的虚拟现实的能力，可以通过实时技术达到场景模型渲染效果的设定，为作品的场景模型渲染人员带来无限的创作自由和空前的掌控力。场景里的材质必须要用引擎渲染来表现，这个过程很复杂，首先要对每一个细节进行处理，然后是对材料和光线的处理，最后是整个画面的结构。一部好的动画作品，构图尤为重要。

构图要选择合适的角度，这就需要有一个好的摄影机。首先，将构建好的虚拟引擎原型输入 Unreal Engine 4 软件；然后将模型输入 Maya 软件，在 Maya 软件中制作好摄像机；最后将摄像机输入 Unreal Engine 4 软件。这一步可以确保摄像机和模特处于相同的坐标位置，这样就可以实现无缝连接。如果不进行这一步操作，将造成摄像机的引导失败以及摄像机的世界坐标不符合，从而影响最终效果（图 7-23）。此外，Unreal Engine 4 软件内置高级绑定、角色动画、表演捕捉流送等功能，可以让场景模型渲染人员在背景中制作出形象的动画。使用 Unreal Engine 4 软件进行实验动画《畲医草药》场景效果的模拟，其生动活泼的动画效果、良好的资料转接界面等都使作品的场景效果在视觉上产生一种强烈的冲击力与感染力。

图7-23　山川效果实现路径

（三）实验动画《畲医草药》创作后期

1. 动画后期制作

实验动画《畲医草药》进行角色动作和场景渲染之后，接下来最关键的就是进行作品的合成与制作。后期制作也会对中期素材再创作，通过剪辑与镜头的衔接运用，更加直观地感受到实验动画《畲医草药》的整体效果，让影片观看起来流畅自然。

首先，把实验动画《畲医草药》的角色动作和场景通过 TVP Animation 二维软件导出序列帧；然后，将角色动作序列帧和场景序列帧导入 After Effects 软件，完成角色与场景的“合体”；接着，调整画面的顺序与效果，根据剧情的需要加上与之匹配的特效效果，营造出实验动画《畲医草药》中环境污染、青草药无法生存等场景效果。此外，为了表现特定的移动镜头逼真的视觉效果，要运用 After Effects 软件中的摄影机功能，通过拉开实验动画《畲医草药》中场景图层的距离，在镜头移动的同时产生交错的视觉效果，从而达到增强场景的空间感与真实感的目的，增强了动画角色在场景中的动态效果。视频导出之后要逐帧检查作品的画面效果，做到查缺补漏。确定画面没有问题之后，把视频文件导入 Premiere Pro 软件，在剪辑过程中，要把握好短片的叙事，做到故事流畅、节奏合理、观看体验舒适等，呈现一部流畅的动画作品。

接下来是配音、配乐和画面调色。配音和配乐是设定动画气氛的重要一步，前期完成剧本时，需要找到适合剧情的配音，收藏入库，然后选择实际使用的时间。在后期剪辑过程中，加入了贴合当前故事情节的背景音乐，以调节剧情节奏和故事情感。

最后，进行作品的字幕添加处理，输出实验动画《畲医草药》视频格式作品（图 7-24）。

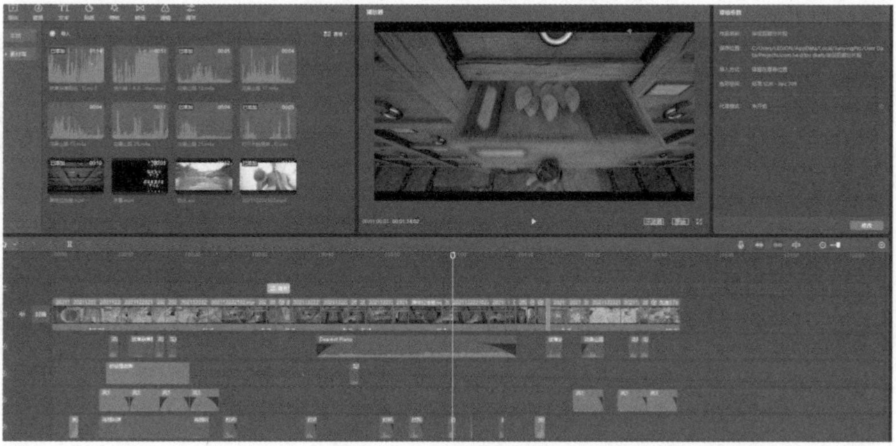

图7-24　音画合成路径

2. 衍生产品设计

动画衍生产品种类繁多，面对的市场大、受众广。这使得动画衍生产品的设计和开发不仅在知识性和审美性方面，而且在交流性、趣味性和流行趋势方面，越来越受到产品设计师的重视。依托实验动画《畲医草药》设计出来的动画衍生产品其实质是利用有形产品对畲族传统文化进行传播与推广，是传统文化保护和活态传承的重要媒介。根据动画作品的有形元素与精神内涵设计制作的畲族文创产品，既保留了畲族传统文化元素的韵味，又创新了形式。这一途径是对畲族传统文化的创新发展，实现了畲族传统文化的当代价值。

民族风格的动画衍生产品已经成为当今热爱传统文化消费群体的个性化选择和消费需求。基于实验动画《畲医草药》中的畲族传统文化元素与工艺，设计出一系列动画衍生产品，满足畲族传统文化爱好者的消费需求。例如，将实验动画《畲医草药》中具有代表性的动画场景用于书签和明信片的设计，根据作品中不同的故事情节设计不同系列的书签和明信片，满足畲族传统文化的多样化需求。畲族传统色彩可以用于杯子的设计，畲族传统色彩的丰富性对于杯子色彩元素的提取可以起到很大的作用。此外，实验动画《畲医草药》中的经典图案可以应用于抱枕的设计和制作，作品中的道具可以物化和“再造”来设计家居用品（图 7-25）。

图7-25　衍生产品设计

（四）实验动画《畲医草药》创作的启示

首先，利用动画艺术形式弘扬和传承畲族传统文化，不仅可以展示和诠释目前保存完好的畲族民俗文化活动，还可以使动画艺术形式成为传播和保存畲族传统文化的载体。动画艺术形式相较于传统的传播方式内容更加生动、风格更加有趣、方式更加便捷。动画艺术形式运用到畲族传统文化的传承与保护当中，符合信息时代大众获取和了解畲族传统文化的要求。动画艺术形式满足了观众对畲族传统文化的审美观念和多样化需求。此外，国家广播电视总局出台的针对少数民族文化保护政策和动漫发展的优惠政策，也为畲族传统文化和动漫形式的有机结合提供了契机与发展机会。畲族传统文化题材的动画作品需要汲取畲族传统文化的营养，畲族传统文化的保护和传承需要通过动画艺术形式进行活态传承和传播，其实现需要畲族传统文化与动漫作品的有机融合。

其次，将丰富多彩的畲族传统文化元素与动画艺术形式相结合，为动画创作提供故事素材与可视化艺术符号。在动画艺术形式与畲族传统文化相结合的过程中，必须研究并提炼畲族传统文化的思想内涵，寻求和探索具有畲族文化特色动画作品的艺术表现形式。创作元素的取材，一方面要立足于民族题材动画作品创作所需要的艺术表现形式和当代观众的审美要求；另一方面，要重视作品的题材内容与畲族传统文化的艺术价值和时代精神的表现和传达。把畲族传统文化中的可视化元素成功转化为该动画作品创作所需的素材，后续把这些元素巧妙地植入动画作品的剧本创作、角色风格设计、场景模型与材质设计、后期影片效果等创作环节，使畲族传统文化所蕴含的艺术价值和思想在作品中得到充分表达与展现。

最后，在民族题材的动画作品创作过程中，应根据动画作品所依托的民族文化选择合适的艺术风格和表现形式。通过动画作品的创作尝试，积极寻求和探索民族题材与中国风格的动画作品的艺术表现形式。在民族题材动画作品的创作过程中，应适当运用夸张、想象和抽象等具有动画艺术形式独具特色的表现手法，充分展现民族文化题材动画作品的艺术风格，重视和增强动画作品的艺术表现力。在动画作品的创作过程中，艺术形式和制作技术是相辅相成的关系。可视化的动画形象是连接艺术与科技的重要因素，恰到好处地运用科技能更好地呈现动画作品的艺术形式与风格。

综上所述，实验动画《畲医草药》将畲族传统文化中非物质文化遗产畲药元素运用到动画创作当中，通过畲族传统文化与动画艺术形式的“嫁接”，一方面生动形象地展现了保护畲医草药的重要性，传达了人与自然和谐共生的理念；另一方面，展现了民族文化与艺术形式相结合是民族传统文化当下创新发展的途径与方法，体现了畲族传统文化的艺术价值、审美价值以及实际运用价值。通过总结实验动画《畲医草药》作品的创作过程，分析和探讨了畲族传统服饰、畲族传统建筑和畲族传统工艺等元素在动画作品中的运用技巧。畲族传统文化题材动画作品的尝试，为畲族独特民族文化的创新发展注入了新鲜血液和活力。实验动画《畲医草药》为畲族传统文化开辟了动画创作的题材和视角。吸收和融合畲族传统文化精髓，使畲族题材动画作品在题材和艺术形式上独具中国特色，是畲族题材动画走向正规化和产业化的有效途径和策略，对畲族传统文化的传播与传承起到了积极的推动作用。

参考文献

一、专著

[1] 蒋炳钊.东南民族研究[M].厦门：厦门大学出版社，2002.

[2] 黄永林.文化传承与文化创新探析——黄永林自选集[M].武汉：华中师范大学出版社，2013.

[3] 马谋超.品牌科学化研究[M].北京：中国市场出版社，2005.

[4] 鲁春晓.新形势下中国非物质文化遗产保护与传承关键性问题研究[M].北京：中国社会科学出版社，2017.

[5] 萨尔瓦多·穆尼奥斯·比尼亚斯.当代保护理论[M].张鹏，译.上海：同济大学出版社，2012.

[6] 单霁翔.从馆舍天地走向大千世界[M].天津：天津大学出版社，2011.

[7] 保罗马尼亚·莱斯特.视觉传播：形象载动信息[M].霍文利，史雪云，王海茹，译.北京：北京广播学院出版社，2003.

[8] 黄光学，施联朱.中国的民族识别[M].北京：民族出版社，1995.

[9] 栾黎荔.人文关怀视野下的动漫衍生产品[M].武汉：武汉大学出版社，2013.

[10] 威廉·尹迪克.编剧心理学[M].井迎兆，译.北京：北京联合出版公司，2014.

[11] 汉斯·巴赫尔.动画美术设计[M].何璐怡，译.长沙：湖南美术出版社，2018.

[12] 罗伯特·麦基.故事：材质、结构、风格和银幕制作的原理[M].周铁东，译.天津：天津人民出版社，2016.

二、期刊论文

[1] 陈栩，陈东生.福建宁德霞浦地区畲族女性服饰图案探议[J].纺织学报，2009，30（3）:88-93.

[2] 叶桦.畲族编织工艺艺术研究[J].南京艺术学院学报（美术与设计版），2007（3）:144-146.

[3] 张守用，梁惠娥，信玉峰.福建畲族传统服饰数字化保护形式[J].服装学报，2019，4（2）:117-120.

[4] 陈栩.浅谈福建畲族彩带的保护和传承[J].厦门理工学院学报，2009，17（1）:6-10.

[5] 龚任界.畲族服饰的现实困境与传承保护——以福建霞浦畲族服饰保护为例[J].内蒙古大学艺术学院学报，2012，9（4）:19-22.

[6] 雷敏霞，雷冰帆.畲族民族服饰的传承与发展探析[J].丽水学院学报，2012，34（6）:44-47.

[7] 汪洋.畲族传统装饰艺术的文化意蕴探析[J].南京艺术学院学报（美术与设计版），2012（3）:111-113.

[8] 陈秀免.福建畲族传统服饰田野调查现状及发展趋势[J].服装学报，2017，2（4）:351-355.

[9] 高云.福建畲族服饰制作工艺发展现状及保护传承困境[J].四川民族学院学报，2019，28（5）:36-41.

[10] 黄永林.非物质文化遗产传承人保护模式研究——以湖北宜昌民间故事讲述家孙家香、刘德培和刘德方为例[J].中国地质大学学报（社会科学版），2013（2）:95-102.

[11] 文冬妮.桂滇黔少数民族特色村寨体育类非物质文化遗产传承人保护模式[J].文化遗产，2018（4）:17-23.

[12] 吴宁 . 现代设计嵌入少数民族传统手工艺发展的多维思考 [J]. 贵州民族研究，2019，40（9）:101-105.

[13] 童心刚 . 基于活态传承的海南少数民族手工艺产业化问题研究 [J]. 贵州民族究，2017，38（7）:112-116.

[14] 吴华，玉香 . 试论云南少数民族传统服饰文化的保护、利用和开发 [J]. 民族艺术研究，2007（3）:44-51.

[15] 蒋尚亭，金毅仁 . 数字音频压缩编码及在软件中播放音频文件 [J]. 电脑知识与技术，2011（4）:875-877

[16] 张娟 . 福建霞浦畲族凤凰装传统刺绣工艺 [J]. 服装学报，2018，3（4）:325-329.

[17] 梁惠娥，张守用，贾蕾蕾 . 民族服饰博物馆数字化展示艺术初探——基于江浙沪地区民族服饰博物馆的考察 [J]. 东南文化，2014（6）:100-106.

[18] 赵雅婷，徐亚平，张毅 . 浙闽地区畲族拦腰的布局分析与评价 [J]. 服装学报，2020，5（3）:244-248.

[19] 陈栩，崔荣荣 . 福建畲族服饰刺绣工艺研究 [J]. 丝绸，2018，55（5）:78-83.

[20] 傅娟 . 京津冀旅游一体化协同发展研究 [J]. 中国国际财经，2018（1）:16-17.

[21] 滕书筠 . 广西少数民族文化创意设计发展现状及路径研究 [J]. 广西民族大学学报（哲学社会科学版）2017，39（2）：56-61.

[22] 周梅婷，董雅 . 区域民族文化在产品创新设计中的运用研究 [J]. 包装工程，2019，40（6）:28-31.

[23] 回璇，赵勤 . 畲族文化符号文创产品设计 [J]. 包装工程，2020，41（10）:354.

[24] 刘葵，刘琥 . 动画电影应重视民族文化题材 [J]. 新闻界，2011（6）:45-47.

［25］李正丽．新世纪多彩贵州民族影视创作实践与探索 [J]. 电影文学，2020（16）:48-53.

［26］张苇．浅析动画电影创作中民族文化题材的表现 [J]. 当代电影，2015（6）:161-165.

［27］梁洁梅．民族传统文化基因的当代辩证之思 [J]. 电影文学，2020（16）:125-127.

［28］陈栩，陈东生．福建宁德霞浦地区畲族女性服饰图案探议 [J]. 纺织学报，2009，30（3）:88-93.

［29］潘思佳．动画造型的服饰设计——评《动画造型设计》[J]. 印染助剂，2018，35（5）:77-78.

［30］姚松奇，陈晓．新媒体时代数字动画艺术的应用价值 [J]. 新闻战线，2016（14）:133-134.

［31］张翔，李炎．情感共鸣·社交货币：电影新媒体营销的底层逻辑 [J]. 电影文学，2022（7）:25-30.

［32］张守用，信玉峰，李婧娴．动画形式在畲族传统文化展示中应用的思考 [J]. 武夷学院学报，2021，40（11）:58-62.

［33］刘丹丹．国产动画电影中的情感解构与美学风格 [J]. 电影文学，2022（6）:78-80.

［34］曹文防．动画片的声音元素及设计 [J]. 艺术研究，2014（4）:170-171.

［35］黄永林．非物质文化遗产传承人保护模式研究——以湖北宜昌民间故事讲述家孙家香、刘德培和刘德方为例 [J]. 中国地质大学学报（社会科学版），2013，13（2）:95-102.

［36］孙婕．全媒介时代语境下闽东畲族非物质文化遗产的影像保护与传播 [J]. 泉州师范学院学报，2023，41（1）:44-48.

［37］齐渤洋，张立伟．《如果国宝会说话》的声音景观建构 [J]. 新闻世界，2023（4）:78-81.

［38］ 吴克炎 . 中国非物质文化遗产的翻译与读者认同——以中国首部汉英双语版非物质文化遗产名录为例 [J]. 漳州师范学院学报（哲学社会科学版），2011，25（2）:133-139.

［39］ 沈贵华，祝孔强 . 人工智能在文化遗产保护传承中的价值研究 [J]. 博物院，2023（3）:43-49.

［40］ 马进，张彤彤，钱晓松，等 . 人工智能在非物质文化遗产保护与传承中的应用研究现状 [J]. 包装工程，2023，44（8）:1-14，36.

［41］ 魏学文 . 黄河三角洲文化产业发展对策研究 [J]. 山东社会科学，2012（8）:137-139.

［42］ 王晴 . 福建文化产业发展经验及问题探讨 [J]. 福建理论学习，2017（6）:25-27.

［43］ 顾彦力，杨勇波，吴彦泽 . 智能化视域下苗绣文创产品开发策略研究 [J]. 绿色包装，2021（2）:77-81.

［44］ 吕建昌，李舒桐 . 工业文物阐释与工业文化传播的思考——以工业博物馆为视角 [J]. 东南文化，2021（1）:174-180.

［45］ ATILOLA O，TOMKO M，LINSEY J S.The Effects of Representation on Idea Generation and Design Fixation:a Study Comparing Sketches and Function Trees[J].Design Studies，2016，42:110-136.

三、硕博士论文

［1］ 韩雨彤 . Unity3D 技术在海南黎族民族文化体验传播中的应用研究 [D]. 海口：海南大学，2018.

［2］ 裴家莉 . 浙西南畲族装饰图案的视觉符号研究 [D]. 杭州：浙江农林大学，2014.

［3］ 薛可有 . 少数民族服饰资源数字化及其学习平台构建与实现 [D]. 昆明：云南师范大学，2016.

[4] 郭萌 . 唐朝服饰数字产品的设计及文化传播研究 [D]. 哈尔滨：哈尔滨工业大学，2017.

[5] 潘宏立 . 福建畲族服饰研究 [D]. 厦门：厦门大学 .1985.

[6] 甘子成 . 基于马克思主义精神生产理论的非物质文化遗产传承和发展研究 [D]. 广州：华南理工大学，2019.

[7] 张丹 . 互动多媒体技术在科技馆展示中的应用研究 [D]. 武汉：华中科技大学，2017.

[8] 曹华 . 基于 VR 的全景漫游技术在产品推介展示设计中的应用研究 [D] 贵阳：贵州大学，2016.

[9] 伯咏归 . 基于移动终端的民族服饰文化数字化应用研究 [D]. 北京：北京服装学院，2016.

[10] 刘燕 . 交互式虚拟服装展示系统设计与实现 [D]. 北京：北京林业大学，2009.

[11] 厉建梅 . 文旅融合下文化遗产与旅游品牌建设研究 [D]. 济南：山东大学，2016.

[12] 贺婷婷 . 中国动画电影中民族传统文化的“缺失”研究 [D]. 武汉：武汉大学，2017.

[13] 麻莊怡 . 基于情感化理念的壮族民间故事题材动画设计研究 [D]. 桂林：广西师范大学，2020.

[14] 杨玲 . 浙江景宁畲族服饰非遗工作坊空间多样性设计研究 [D]. 杭州：浙江理工大学，2022.

[15] 闫晶 . 畲族服饰文化变迁及传承研究 [D]. 无锡：江南大学，2019.

[16] 陈炳坤 . 苗族民间文化元素在动画创作中的应用 [D]. 长沙：湖南师范大学，2021.

四、其他

[1] 樊树林 . 让生态博物馆成为传承乡土文明的活标本 [N]. 青海日报，2020-7-20（9）.

[2]《国务院办公厅转发文化部等部门关于推动文化文物单位文化创意产品开发若干意见的通知》（国办发〔2016〕36 号）[EB/OL].[2016-05-11].http：//www.gov.cn/zhengce/content/2016-05/16/content_5073722.htm.

[3] Gaver W W，Beaver J，Benford S.Ambiguity as a Re-source for Design[C].Proceedings of the SIGCHI Con-ference on Human Factors in Computing Systems ACM，2003.